Les neuf fondamentaux de l'éducation

Yannik BONNET

Les neuf fondamentaux de l'éducation

ÉDITIONS FRANCE LOISIRS

Ouvrage réalisé
sous la direction éditoriale d'Alain NOËL
avec la collaboration de Danielle NOËL

Édition du Club France Loisirs,
avec l'autorisation des Éditions Presses de la Renaissance

Éditions France Loisirs,
123, boulevard de Grenelle, Paris
www.franceloisirs.com

ISBN : 2-7441-6580-8

Ce livre est dédié à tous ceux à qui je dois tant :

mes parents, éducateurs admirables, bien relayés par mes quatre frères et sœurs aînés ;

mon épouse bien-aimée, qui m'a enrichi de sa vive sensibilité et de sa générosité débordante ;

mes sept enfants, qui m'ont élevé plus que je ne l'ai fait pour eux et qui ont amené dans la famille des « valeurs ajoutées » ;

et les éducateurs exceptionnels que j'ai eus tant chez les jésuites de Notre-Dame-d'Afrique à Alger que chez les séculiers de Saint-Sigisbert à Nancy, avec une mention spéciale pour l'abbé Maurice Feder, retourné au Père éternel l'année du jubilé, le jour même de mon anniversaire ; je me sens tellement redevable à son originale personnalité.

Enfin, ce livre est destiné à mes petits-enfants, pour les aider à devenir eux-mêmes de bons éducateurs.

SOMMAIRE

Note de l'éditeur

Certains livres revêtent un caractère particulier car on y occupe une place, on y joue un rôle. C'est le cas de ce livre. La première fois que j'ai rencontré Yannik Bonnet, c'était au cours d'une conférence qu'il donnait à une réunion de parents d'élèves dans un lycée de Lyon. J'ai très vite été frappé par ses qualités d'orateur et la clarté de ses propos. Cet homme avait le don de rendre clair ce qui est confus, palpable ce qui est intangible.

Quelques années plus tard, lorsque je devins éditeur, j'eus envie de publier un ouvrage sur le travail, tant restaient gravées en moi les années passées dans la banque aux côtés de gens malheureux. Je me souvins de Yannik Bonnet. Son expérience de directeur des ressources humaines chez Rhône-Poulenc faisait de lui l'homme idéal pour ce projet. C'est ainsi qu'il écrivit : *Être heureux au travail.*

Au cours de nos discussions, je remarquai la qualité et la pertinence de ses remarques sur la pédagogie. Les anecdotes qu'il me racontait sur ses années passées à la direction de l'École de chimie de Lyon m'enthousiasmaient. Au fond de moi, ''enviais les jeunes qui avaient eu la chance de le rencontrer et de bénéficier de ses conseils.

Depuis ce jour je me livrai à un véritable harcèlement textuel (privilège réservé aux éditeurs) qui dura sept ans, jusqu'à l'heureux jour où Yannik m'appela pour me dire qu'il était prêt, que tout était clair dans son esprit.

Voici donc l'ouvrage que j'attends depuis tant d'années. Ce livre peut permettre à ceux qui ont de jeunes enfants de partir du bon pied, car l'éducation commence au berceau. Il peut aussi aider les adolescents à faire les bons choix et les adultes à comprendre ce qui ne tourne pas rond dans leurs comportements.

En ayant ce livre entre les mains vous bénéficiez d'une chance incroyable et vos enfants, votre entourage également. Si vous mettez en pratique les principes qui y sont énoncés et les expérimentez sur le terrain au quotidien, vous en constaterez les effets bienfaisants autour de vous, que ce soit dans les périodes sereines ou dans l'adversité.

Je vous souhaite à tous le même bonheur que le mien en découvrant ces neuf fondamentaux de l'éducation.

Alain NOËL

Avant-propos

J'écris cet avant-propos en ce matin du 7 juin 2002, le jour même de mon anniversaire, soixante-neuvième du nom...

Il y a soixante-neuf ans, à Paris, mes parents accueillaient leur « petit dernier », après quatre autres enfants : deux garçons et deux filles. Mon père enseignait la chirurgie au Val-de-Grâce. Nous devions gagner Alger deux ans et demi plus tard. Alger, où j'ai passé toute mon enfance dans l'hôpital militaire où nous étions logés.

En 1945, retour en France, à Nancy ! Choc climatique et culturel intense ! Je faisais des études de lettres classiques, pensant être destiné à enseigner le latin et le grec. Curieusement, mon professeur de grec, dont j'étais l'un des disciples préférés, me conseilla de mener conjointement Sciences et Lettres, ce que je fis jusqu'aux deux baccalauréats. Après quoi, et après mûre réflexion, j'optai pour la science.

Mes études scientifiques ont abouti à des diplômes d'ingénieur et de docteur en chimie et m'ont conduit à travailler pendant vingt-trois ans dans l'industrie chimique et pharmaceutique. Hormis le commerce, j'y ai fait tous les métiers : recherche et développement, production, gestion, affaires sociales, direction.

Nouveau virage à l'âge de 45 ans... On me propose de prendre en charge l'École supérieure de chimie industrielle de Lyon. Je vais la diriger pendant onze ans, y instaurant l'enseignement en alternance, la fin d'études aux États-Unis, la formation aux relations humaines dans le monde du travail des élèves ingénieurs. Onze années de délices avec des jeunes de qualité.

À 56 ans, je pense prendre mon dernier virage professionnel en créant une entreprise de conseil en management, Ides Consultants, que je dirigerai jusqu'à ma retraite. La providence en décide autrement ; la longue maladie de ma femme me conduit à quitter mon entreprise à 60 ans, pour travailler en libéral à un rythme moins soutenu, pour passer plus de temps avec mon épouse bien-aimée.

Elle retourne au Père peu avant nos quarante ans de mariage. Mes sept enfants sont tous autonomes et nous ont déjà donné 21 petits-enfants (on en est aujourd'hui à 25). À ce moment, je sais que ma vie va prendre un nouveau tournant : Dieu m'appelle à son service.

En 1996, j'entre pour trois ans au séminaire français de Rome pour y poursuivre des études de théologie : mes copains séminaristes sont en quasi-totalité âgés de 25 à 35 ans... L'un d'entre eux a l'âge de mon fils aîné et un autre, celui de l'aîné de mes petits-enfants ! Extraordinaire expérience humaine que de me retrouver « pensionnaire » entre 63 et 66 ans avec des jeunes exceptionnels.

Le 4 juillet 1999, je suis ordonné au Puy-en-Velay où, depuis, j'exerce mon ministère de prêtre en paroisse, ainsi qu'en aumônerie, et dans le cadre de formations, d'émissions de radio...

Pendant toute cette existence mouvementée, j'ai été passionné par le problème de l'éducation – j'en ai décelé l'importance dès mes débuts en entreprise. C'est la mauvaise éducation humaine des chefs et des subordonnés qui pose les problèmes les plus difficiles à résoudre, et les bouleversements économiques et technologiques n'ont fait que renforcer le besoin de professionnels « bien éduqués ». La coopération, l'autonomie, l'adaptabilité, la conscience professionnelle, tout ce qui concourt à la satisfaction du client, à la viabilité de l'entreprise, au bon climat social, sont liés à l'éducation.

La terrible crise de société des années 1960-1970 a malheureusement torpillé l'éducation familiale, qui avait certes besoin de rénovation mais pas de destruction. Matérialisme, amoralisme, révolution culturelle ont créé une rupture, et de nombreux parents d'aujourd'hui n'ont rien reçu de solide en matière de principes et de pratiques d'éducation. Le désastre est patent : couples incapables de durer, enfants à la dérive, violence, drogue, déprime... c'est la société dépressive, si bien décrite par Tony Anatrella dans son ouvrage.

En 1989, j'avais alerté l'opinion avec un petit ouvrage – aujourd'hui épuisé –, *Le Défi éducatif*, dont le sous-titre traduisait mes préoccupations : « Famille, école, entreprise, même combat ! » J'aurais pu ajouter : Église, politique, médias, administration, etc. À l'époque, le vrai défi n'était pas celui de l'instruction mais celui de l'*éducation,* qui conditionne d'ailleurs la réussite de l'instruction, et j'avais alors conscience que le combat serait très difficile. Les années qui ont suivi ont montré que nous n'avions pas encore atteint le fond... Et c'est la raison pour laquelle j'ai voulu transcrire noir sur blanc tout ce que j'avais moi-même reçu et que j'avais adapté au fil de ma vie et de mon expérience d'éducateur, tout ce que j'avais pu acquérir comme convictions au sein de la famille, de l'entreprise, de l'enseignement, du sport, de la vie associative, politique... et ecclésiale.

Ces « neuf fondamentaux » de l'éducation sont un peu mon credo d'éducateur. Il convient de les mettre en œuvre humblement, ayant à l'esprit que nous sommes au service les uns des autres, pour aider ces petits et ces jeunes qui nous sont confiés à réussir leur vie, à être heureux malgré les aléas et les épreuves. C'est peut-être tout simplement parce que je suis moi-même heureux, après avoir été en permanence bousculé par la vie, éprouvé dans mes affections familiales et amené à reprendre le collier à l'âge de la retraite, que j'ai cru bon de transmettre ces principes aux parents et aux éducateurs, qui sont, eux, dans la force de l'âge. Je leur en souhaite bon usage, pour leur bonheur et celui de ceux dont ils ont la charge.

Le Puy-en-Velay, 7 juin 2002
Yannik Bonnet

PREMIÈRE PARTIE

GÉNÉRALITÉS SUR L'ÉDUCATION

Brève présentation de la première partie

Le premier chapitre : « Éducation – Éducateur – Éduqué », commence par un peu d'anthropologie, parce qu'il faut bien dire ce qu'est un être humain, une personne, son « mode d'emploi » en quelque sorte. C'est de ces considérations que jaillit une évidence : le petit de l'homme a besoin d'une éducation. D'où notre réflexion sur ce qu'est l'éducation, quelles finalités elle poursuit et comment elle met en rapport l'éduqué et l'éducateur.

Le deuxième chapitre : « L'action éducative et ses règles », nous aide à comprendre que l'éducation est une « action » et qu'elle obéit aux règles générales de l'action. Toute action, pour être efficace, doit être cohérente dans la durée et se fonder sur des principes qui ne varient pas. En même temps, elle implique une souplesse, une adaptabilité mais aussi une rigueur dans la conduite et l'organisation, car il y a trois « champs » incontournables pour l'action éducative.

Le troisième chapitre : « Universalité, globalité et unité du projet éducatif », explique que ces trois

« champs » de l'éducation : *le développement de la personnalité, la socialisation de la personne* et *la transmission de ce qui donne sens à la vie,* sont cohérents entre eux, englobent toute la personne et ont un caractère universel, qui transcende les cultures humaines. Tout simplement parce qu'ils ne sont pas sortis d'un « chapeau », d'une construction idéologique, mais d'une sagesse, produit d'une observation réaliste de la nature humaine.

Chapitre 1

Éducation – Éducateur – Éduqué

L'être humain, un cas singulier

Sur la planète Terre, l'être humain est un cas singulier. Certes, son corps est constitué des mêmes matériaux que les autres mammifères et des mêmes éléments que ceux du cosmos, mais il n'est pas besoin de sortir d'une grande école pour s'apercevoir de la particularité de sa nature.

Là où l'animal est déterminé par son instinct vital, l'être humain, lui, garde la capacité de rester maître de ses décisions.

Prenons des exemples simples, liés justement à la vie biologique, à son entretien et à sa transmission. On sait que le mécanisme de la faim, qui pousse à se nourrir pour entretenir la vie, existe chez l'homme comme chez les autres mammifères. Mais l'homme peut décider librement de jeûner pour un temps plus ou moins long.

De même, le désir de l'union charnelle, qui permet la transmission de la vie, existe chez l'homme, mais alors que chez le mammifère il est régi par des lois d'airain qui préparent la femelle à s'accoupler pour la reproduction et le mâle à répondre de façon réflexe à cet appel, chez l'être humain cette sexualité peut être déconnectée de la reproduction, totalement dominée par la volonté ou, *a contrario,* exacerbée de façon anarchique, pour le seul désir et plaisir de l'acte sexuel.

Cette singularité de l'être humain, nous l'appellerons son « libre arbitre », c'est-à-dire sa capacité à faire librement, sans contrainte, des choix face à des situations diverses.

Le libre arbitre et son siège

Le corps humain, les savants nous l'expliquent, est régi par des lois complexes, relevant de la physique, de la chimie, de la biologie. Le libre arbitre ne relève pas de ces lois, puisque, précisément, nous l'avons dit, l'instinct vital, dont on ne peut nier la force, ne détermine pas le comportement de l'être humain.

Les philosophes ont depuis très longtemps considéré que l'homme était pourvu d'un « esprit », indépendant du corps biologique, mais intimement lié à lui dans la réalité de la vie. Cet esprit, libre, pilote l'existence de l'être humain grâce à deux facultés que nous connaissons bien :

— une intelligence, qui raisonne, analyse, discerne et nous permet d'effectuer des choix éclairés ;

— une volonté, qui nous permet d'agir à partir des éclairages donnés par notre intelligence en nous « poussant à... » ou en nous « interdisant de... ».

Cette intelligence et cette volonté sont, en quelque sorte, les deux « outils » de notre libre arbitre. L'esprit humain est le siège mystérieux, invisible et pourtant bien réel de ce libre arbitre.

Les rapports entre l'esprit et le corps

L'être humain est donc à la fois corps et esprit. Parviennent à son esprit toutes sortes d'informations, venant non seulement de sa vie biologique interne, du corps comme nous l'avons montré avec la faim et la sexualité, mais encore du monde dans lequel il vit, aussi bien la nature que la société humaine.

Les sens : vision, ouïe, odorat, goût, toucher, nous informent, et nous ressentons ces informations par un système biochimique complexe, notre être les enregistre, que nous le voulions ou non. Cela nous procure des émotions, provoque des réactions et des impulsions, nous perturbe ou nous stimule.

Autrement dit, nous disposons de ce que nous appellerons une « âme sensible », qui est le *réceptacle* de ces informations venant du corps et l'*interface* entre notre corps et notre esprit doué de libre arbitre.

Notre esprit, pour exercer son libre arbitre, tiendra compte de ces informations, parfois brutales, qui, en fonction de nos souvenirs, de nos expériences passées et de notre éducation, conditionneront l'exercice de ce libre arbitre.

En d'autres termes, notre esprit est doué de libre arbitre, mais son insertion dans un corps « animal », sa vie au sein d'une nature et d'une société humaines, que nous ne contrôlons pas, font que ce libre arbitre est « conditionné ». Il faudra bien qu'il compte avec cette « âme sensible » et qu'il en canalise les manifestations, qui peuvent être puissantes, stimulantes, déroutantes.

Âme se dit *psyché* en grec, corps se dit *soma*, et nous savons qu'il existe des troubles, de véritables maladies psychosomatiques. Quand l'esprit ne contrôle plus une situation émotionnelle perturbante, le corps somatise les troubles de l'âme sensible : hypertension, ulcère de l'estomac, tachycardie, dépression, etc.

Quelques conditionnements

Nous avons vu que le corps lui-même conditionne l'exercice de notre libre arbitre puisqu'il nous envoie des informations sur son fonctionnement : faim, froid, chaleur, fatigue, sommeil, sexualité biologique, etc.

Mais ce corps biologique est unique. Au moment de la fusion entre l'ovule et le spermatozoïde, l'embryon naissant a été doté d'un patrimoine génétique, conditionnement extrêmement puissant qui régit notre corps non seulement dans ce qui se voit – taille, couleur des yeux, pigmentation, etc. –, mais aussi dans ce qui ne se voit pas et que la génétique moderne commence à étudier (l'agencement du système neuronal, par exemple).

Depuis quelques dizaines d'années, l'observation de l'être humain semble montrer que ce patrimoine génétique se traduit dans un élément constituant la personnalité, une sorte de « noyau dur », invariant, que la caractérologie appelle justement le caractère.

Mais, bien sûr, la génétique, si elle nous fait comprendre qu'il y a dans l'être humain des tendances, des aptitudes et des limites, des goûts et des répulsions de l'ordre de l'inné, n'explique pas tout.

Car le milieu de vie va également conditionner l'être humain. Ce milieu de vie est à la fois naturel : géographique, climatique, etc., et social : famille, nation, race, religion, condition sociale, etc. La sociologie s'y intéresse particulièrement.

Et puis, évidemment, chacun d'entre nous est construit par sa propre histoire, les événements qui interviennent dès le début de sa vie, perte d'un être cher, accident, violence subie, environnement perturbé par une guerre, cataclysme, etc.

Notre « âme sensible » se structure peu à peu psychologiquement autour du noyau dur de notre caractère par ces apports de la vie personnelle et sociale.

Mais quels que soient nos conditionnements, ils ne nous déterminent pas. Nous gardons une zone de « libre arbitre ». Nos dons, nous pouvons les développer ou les laisser en friche, et notre milieu, nous pouvons l'accepter en tout ou en partie ou le rejeter catégoriquement. La sagesse populaire traduit bien ce paradoxe du libre arbitre, conditionné mais non pas déterminé, puisqu'elle nous dit tout... et son contraire : « Tel père, tel fils » et « À père avare, fils prodigue ».

Selon son libre arbitre, le fils peut reproduire son père ou prendre le contre-pied de ses comportements. Et ladite sagesse ajoute : « Chassez le naturel, il revient au galop », pour nous alerter sur l'importance de l'inné.

La personne humaine, dans sa complexité, corps et esprit avec, comme interface, l'âme sensible, lieu des passions et des sentiments, est à la fois libre et conditionnée, toujours capable de remettre en cause des acquis et pourtant toujours influencée par ce qu'elle a vécu. Elle est aussi tributaire de son patrimoine génétique.

Et l'éducation dans tout cela ?

Au travers de ce que nous avons dit de l'être humain, nous pouvons commencer à percevoir ce que peut être l'éducation.

L'acte d'éducation tient tout simplement dans le fait que le jeune enfant doit apprendre à se servir de son libre arbitre, en connaissant ses conditionnements, pour accéder au meilleur de lui-même.

En effet, « libre arbitre » ne signifie pas meilleure utilisation de son potentiel, meilleur développement de ses dons, meilleur contrôle de ses émotions et de ses pulsions. L'expérience nous montre que certains laissent leurs dons s'atrophier, que d'autres font des choix qui les conduisent à un esclavage, que d'autres encore connaissent des difficultés considérables à nouer des relations avec leurs semblables...

Le libre arbitre est une chose merveilleuse s'il est bien utilisé et peut se révéler une chose détestable dans le cas contraire.

L'enfant est une personne, mais c'est une personne en devenir. Dans la nature, c'est d'ailleurs le plus dépendant, et pendant longtemps, de son environnement familial. Celui dont le cerveau a le plus grand potentiel de développement, dont la capacité d'apprentissages divers est considérable, a besoin, pour parvenir à posséder son libre arbitre, d'être aidé, conseillé, protégé, stimulé, encadré, bref, éduqué.

Mais alors, l'éducation n'est pas autre chose qu'une forme de conditionnement ? Eh oui ! Et c'est un paradoxe car l'éducation est un conditionnement, qui vise à rendre l'éduqué le plus libre possible vis-à-vis des conditionnements qui pourraient étouffer ou dévoyer son libre arbitre.

L'éducateur, en quelque sorte, travaille à son effacement progressif. On éduque pour que l'éduqué devienne de plus en plus capable de s'éduquer lui-même tout au long de sa vie.

On peut comparer le rôle de l'éducateur à celui d'un entraîneur sportif, qui livre à l'athlète tous ses secrets, tous ses trucs, pour que celui-ci puisse devenir performant dans sa discipline en gérant lui-même au mieux son emploi du temps, sa diététique, ses efforts et sa récupération, sa détente et sa concentration.

L'éducateur a un rôle irremplaçable car l'éduqué a besoin d'acquérir la maîtrise de son libre arbitre, de former son intelligence, de fortifier sa volonté pour devenir une personne adulte, capable de diriger sa vie, de continuer à franchir des étapes, bref, de se passer de l'éducation.

Ce qui nous amène à préciser davantage les finalités de l'éducation pour arriver à ce qui est notre propos : montrer ce que doit être l'action éducative.

Les finalités de l'éducation

Précisons tout de suite que notre vision de ce qu'est l'éducation n'est pas neutre. Quand nous avons dit qu'il s'agissait d'aider le jeune, l'enfant, à tirer le meilleur de lui-même, nous avons affirmé ainsi que le sujet principal de l'éducation est celui qu'on éduque.

L'éducation est centrée sur l'éduqué, ce qui ne signifie pas que le rôle de l'éducateur n'est pas fondamental, mais que le bien recherché est la croissance humaine de l'éduqué et non le confort de l'éducateur. Il s'agit de donner toutes ses chances à cette personne en devenir de réussir *sa* vie, d'être heureuse de vivre.

Le bonheur est tellement l'objet de recherche naturel de l'homme que l'on n'emploie jamais le terme qui signifie « celui qui cherche le bonheur » ; pourtant, le dictionnaire nous apprend que cela s'appelle un *eudémoniste* ! En revanche, on utilise beaucoup plus fréquemment les termes qui désignent ceux qui se fourvoient dans la recherche du bonheur :

— celui qui trouve son plaisir dans la souffrance des autres, c'est le *sadique* ;

— celui qui le trouve dans sa propre souffrance, c'est le *masochiste* ;

— celui qui confond bonheur et plaisir. c'est l'*épicurien* ou l'*hédoniste,* etc.

L'éduqué devra donc être guidé dans sa recherche du bonheur.

La finalité la plus importante de l'éducation est de permettre à l'éduqué de trouver un sens à sa vie, pour qu'il ait des chances de construire *son* bonheur. De cela, il sera responsable.

L'éducation doit donc lui permettre de développer sa personnalité de façon qu'il puisse assurer la responsabilité qui caractérise la personne adulte.

Mais l'être humain est un être social qui ne peut atteindre cette maturité qu'avec l'aide des autres et qui ne pourra construire sa vie qu'en l'inscrivant dans le corps social.

N'allons pas plus loin pour le moment. Nous avons déjà quelques éléments précieux pour notre réflexion puisque nous avons identifié les trois grands champs offerts à l'action éducative :

— favoriser le développement de toute la personne pour lui donner la capacité de s'assumer de façon responsable ;

— favoriser sa socialisation, c'est-à-dire sa capacité à s'intégrer harmonieusement dans la vie sociale ;

— favoriser son accession à un projet de vie qui donne un sens à celle-ci, et contribuer au bonheur vrai de la personne.

Nous pouvons d'ores et déjà revenir sur la mission de l'éducateur.

L'éducateur, une autorité au service de l'éduqué

L'éduqué, tout comme l'éducateur, est une personne, même si c'est une personne en construction.

L'éduqué a un libre arbitre et l'éducation est une forme de conditionnement, une « pression » qui va s'exercer sur l'éduqué.

Alors, on peut et on doit se poser la question : est-il légitime d'éduquer ?

Nous l'avons dit, tout notre environnement nous conditionne : les médias, la rue, les fréquentations imposées par l'école, le sport, les activités culturelles, etc. Le milieu dans lequel baigne l'éduqué n'est pas neutre, mais il n'a pas forcément comme finalité de faire grandir la personne, de l'aider à devenir responsable, de lui permettre de s'insérer socialement, de trouver un sens à sa vie. La société humaine est mélangée, on y trouve le meilleur et le pire. Sans guide éclairé et bienveillant, le jeune peut devenir un assisté, un violent, un esclave, un tyran.

Alors, pas d'états d'âme : si nous sommes mobilisé par ce désir de faire grandir une personne, de l'aider à vivre dans la société et à construire une vie heureuse, nous n'avons pas à avoir mauvaise conscience d'exercer une autorité.

Autorité vient du latin *augere* (augmenter, faire croître). Il suffira de ne jamais oublier que cette autorité est un service que l'on rend à l'éduqué. Constatons d'ailleurs que l'on emploie sans cesse deux verbes dont les significations se complètent bien : éduquer et élever.

— *Éduquer,* conduire hors des chemins de la facilité, laisse entendre que l'on exerce une pression sur l'éduqué.

— *Élever* montre que le but de cette pression est de faire grandir l'éduqué.

L'autorité de l'éducateur vient de la finalité poursuivie, qui est le service de l'éduqué qu'il faut « élever », ce qui amènera à en prendre les moyens, quitte à utiliser une forme de violence[1], à exercer une contrainte, à prononcer des sanctions.

Quelle est l'autorité qui peut se passer d'avoir le pouvoir de punir les fautes et de récompenser les mérites ?

Ce double pouvoir donne à l'autorité sa crédibilité pratique, sachant que sa crédibilité morale vient de sa finalité essentielle : faire grandir la personne.

L'autorité est de l'ordre de l'amour, et seul l'amour peut faire accepter par l'éduqué cette « violence » exercée sur son libre arbitre.

C'est ce parti pris d'amour qui oblige l'éducateur à agir sans cesse pour cette bonne cause, ce qui est parfois épuisant !

De ce fait, il est impossible d'éduquer les autres sans continuer de s'éduquer soi-même.

L'éducation de l'éducateur

Tous ceux qui se sont engagés courageusement dans la voie de l'éducation des enfants, des adolescents (voire des adultes !), que ce soit leurs propres

1. On ne s'attaque pas au mal sans le combattre.

enfants ou ceux qui leur sont confiés, mesurent très vite les exigences que cela leur impose.

D'abord, on ne peut pas dire : « Faites ce que je dis, mais ne faites pas ce que je fais », sous peine de perdre toute crédibilité.

Ensuite, l'autorité s'exerce par amour, mais l'amour est inséparable de la vérité et celle-ci n'est pas toujours agréable à dire ni à entendre.

La vérité sans amour durcit l'autre, quand on lui assène ses quatre vérités. Mais l'amour sans vérité corrompt l'autre.

On dit d'un enfant qu'il est « gâté », comme un fruit qui pourrit, et c'est ce qui arrive quand on ne lui dit pas « en vérité » qu'il est en train de se perdre.

Nous avons dit que la personne humaine est corps et esprit et que l'interface entre les deux, l'âme sensible, est sujette à des mouvements (des émotions) parfois violents, à une affectivité qui peut perturber. L'esprit, siège du libre arbitre, doué de raison et de volonté, doit rester maître de la situation, dominer les pulsions, canaliser les émotions, ordonner les sentiments.

Ô combien il est nécessaire pour l'éducateur d'avoir travaillé à mettre en place cet ordre des choses ! Car l'éducateur doit faire passer sa mission éducatrice avant la satisfaction de son affectivité.

Dire la vérité, imposer un chemin, prononcer des sanctions peut « faire de la peine » à l'éduqué, et cette peine peut être insupportable à celui ou à celle qui ne maîtrise pas ses sentiments.

L'amour vrai se situe bien au-delà des sentiments, il est discernement de ce qu'est le bien de

l'autre et volonté de le lui faire atteindre, même si cela crée des tensions, des bouderies, de la colère.

Autre conquête à réaliser pour l'éducateur : celle d'un humble détachement vis-à-vis des résultats immédiats et apparents. **On n'éduque pas pour être fier de l'éduqué** ; on l'éduque pour lui et on se souvient qu'il peut, dans son libre arbitre, rejeter son éducation. **L'éducateur a obligation d'action, il n'a pas obligation de résultats.** D'ailleurs, on ne peut se fier aux apparences ni considérer les résultats dans une perspective de court terme. Ce qu'on a semé peut éclore tardivement : l'important est d'avoir semé la bonne graine quand il le fallait et comme il le fallait.

L'éducation est un acte désintéressé, un acte d'amour, un don de soi, un risque que l'on prend pour l'autre, pour le bien de l'autre.

Les relations entre l'éducateur et l'éduqué

Compte tenu de ce que nous avons dit, les relations entre l'éducateur et l'éduqué ne peuvent être toujours au beau fixe.

L'éducateur a un rôle difficile, exigeant, et il en touche parfois les limites, cédant à l'exaspération ou relâchant la pression parce que lui-même a besoin de souffler. L'éducateur, de ce fait, doit toujours être prêt à se reprendre en main, qu'il se soit montré trop dur ou qu'il ait cédé à un certain laxisme. Il lui sera parfois utile de recevoir des conseils, d'écouter des avis, de conjuguer ses efforts avec ceux des autres éducateurs.

Mais le plus important reste de donner à l'éduqué un témoignage permanent d'amour vrai, que l'on peut traduire par un message adressé à celui-ci :

Je ne désire que ton bien parce que je t'aime.

Je te respecte, même quand tu ne te respectes pas toi-même.

Je suis prêt à t'écouter, à dialoguer avec toi, mais je n'ai pas l'intention de te laisser gâcher ta vie sans tout faire pour t'en empêcher.

Je me ferai respecter par toi pour que tu apprennes à respecter les autres.

Je serai exigeant pour toi, parce que la vie n'est pas facile et qu'il faut t'y préparer.

Le maître mot de ces relations éducateur-éduqué, c'est *confiance.* **La confiance doit toujours être donnée d'emblée,** car si on attend, pour faire confiance à l'éduqué, qu'il s'en soit montré digne, on est, dès le départ, dans un climat attentiste qui peut être pris pour de la défiance. Non, l'éducateur doit faire confiance mais, nous le verrons plus loin, sans naïveté, dans la vigilance et donc en vérifiant que cette confiance est méritée. Si elle ne l'est pas, il faut en tirer les conséquences et agir.

Il est nécessaire d'arriver à créer ce climat de confiance mutuelle. L'éducateur, dans les cas difficiles, devra faire preuve de patience, de maîtrise de lui, d'abnégation. Et ne pas oublier que, parfois, « autre est celui qui sème, autre est celui qui récolte ». C'est souvent vrai en matière d'éducation.

EN BREF...

1. L'être humain est corps et esprit. L'insertion d'un esprit doué de libre arbitre, grâce à l'intelligence et à la volonté, dans un corps animal ne se fait pas sans turbulences.

2. Ces turbulences agitent l'âme sensible, qui est en quelque sorte une zone tampon, une interface entre le corps et l'esprit. Cette âme sensible est agitée par des pulsions, des émotions, des sentiments, qui sont à maîtriser, canaliser, ordonner pour qu'ils ne submergent pas l'esprit.

3. L'origine de ce ressenti est à chercher dans nos conditionnements innés ou acquis, notre patrimoine génétique, notre nature biologique, notre milieu social, notre environnement, notre histoire, etc.

4. L'éducation est un conditionnement fort, destiné à rendre l'éduqué le plus maître possible de ses conditionnements, pour qu'il les pilote au mieux, en vue de réussir *sa* vie, d'être tout simplement heureux. L'éducation vise donc à l'effacement progressif de l'éducateur.

5. Le climat éducatif est fondé sur l'amour vrai, qui se situe bien au-delà de l'affectif, sur la confiance, qui est à créer et à maintenir, sur l'exigence, puisqu'il s'agit de faire grandir l'éduqué. L'autorité est légitimée par cette perspective d'une éducation qui élève. Elle s'appuie sur le pouvoir de sanctionner, c'est-à-dire à la fois de récompenser les mérites et de punir les fautes.

6. Les trois grands objectifs à atteindre sont : le développement de la personnalité de l'éduqué ; la socialisation de sa personne ; la transmission d'un sens de la vie, en vue du bonheur.

Chapitre 2

L'action éducative et ses règles

Pour les parents et les éducateurs, il est nécessaire de bien comprendre ce qu'est l'éducation, l'esprit dans lequel elle doit être conduite, les relations qu'elle implique entre éducateur et éduqué.

Il est nécessaire aussi de comprendre que le bonheur d'une personne est la finalité poursuivie. Cela passe par le développement, la socialisation et le sens de la vie, comme nous l'avons précisé.

Cependant, dès que l'on a compris cela, tout reste à faire. Il faut agir pour que les intentions deviennent réalité.

L'éducation bien pensée débouche sur l'action éducative, et l'action éducative est soumise à des règles du jeu que l'on peut appliquer à tous les types d'action. C'est ce que nous allons maintenant examiner.

Les niveaux d'action liés au facteur temps

L'action humaine se déploie toujours dans la durée. Elle dépend du temps car elle prend du temps. Une entreprise ne se crée pas en un jour, pas plus qu'une école, un club sportif, un hôpital ou une armée. Entreprendre, réaliser, durer, réussir, évoluer, négocier des changements, tout cela nécessite quelques mois, quelques années, voire quelques siècles.

Quand une action est prévue pour durer quelques années, il est utile de se demander pourquoi l'on voit des actions engagées capoter et pourquoi d'autres, malgré d'inévitables difficultés, perdurent ou aboutissent aux objectifs fixés.

Depuis bien longtemps, les hommes ont réfléchi à ces questions et, pour nous éclairer, ils distinguent ce qu'on peut appeler les « niveaux de l'action » en prenant comme élément d'analyse le facteur temps.

PREMIER NIVEAU DE L'ACTION

L'expérience montre que, dans l'action, certains (enfants, adolescents ou adultes) restent fidèles à des principes auxquels ils ne dérogent pas, quoi qu'il arrive. Ils gardent, indépendamment du déroulement des événements, une « philosophie de l'action » qui les guide dans la conduite de celle-ci. Cette philosophie est hors du temps. C'est pour eux une boussole qui ne varie pas.

Nous identifions là un premier niveau de la conduite de l'action ; sans pour autant porter de jugement sur cette philosophie, dont les contenus peuvent être très divers, nous nous bornerons pour le moment à constater que les acteurs, qui se réfèrent toujours à des principes immuables, ont « de la suite dans les idées ». Cette continuité, cette cohérence dans la durée, leur permet souvent d'être performants.

DEUXIÈME NIVEAU DE L'ACTION

Il dépend cette fois du facteur temps mais se situe dans le long terme. C'est ce que certains appellent « avoir une politique d'action », qui donne à cette dernière une direction stable pour un laps de temps important, en général de l'ordre de plusieurs années. Il ne s'agit pas d'objectifs précis et quantifiés mais d'objectifs qualitatifs, d'objectifs de progrès, d'objectifs qui vont permettre à tous ceux qui seront concernés de savoir vers quoi l'on tend.

Un État annoncera qu'il a une politique d'aide aux pays en difficulté ou une politique de recherche scientifique, une entreprise annoncera qu'elle a une politique de croissance interne ou, *a contrario,* de rachat d'autres entreprises, un adolescent décidera de faire de longues études universitaires, etc.

Cette politique permet de sentir qu'il y a un véritable « projet d'action », même si les objectifs précis ne sont pas déterminés. Elle a normalement des volets divers.

TROISIÈME NIVEAU DE L'ACTION

On l'appelle souvent stratégique, car il « descend » justement du long terme précédent dans le moyen terme. Pour que le projet ait des chances de se réaliser, il convient d'en examiner les possibilités, d'évaluer les moyens, les délais, les compétences des personnes qui le réaliseront, etc.

Quand un couple veut construire une maison, et pas seulement en rester au projet d'être un jour propriétaire, il faut bien qu'il décide d'épargner, d'emprunter, de faire un plan de ce qu'il désire : il lui faut s'organiser, planifier, mettre en place une capacité à contrôler le déroulement futur de l'action, fixer le moment où il démarrera... et donner le top de départ. Les objectifs de moyen terme sont définis et il faut les atteindre. L'exemple est valable aussi pour l'adolescent qui s'oriente vers des études universitaires ou une école de formation.

QUATRIÈME NIVEAU DE L'ACTION

C'est celui de la tactique. On est cette fois engagé dans l'action, mais les choses ne se déroulent pas comme on l'a prévu, il y a des aléas, des obstacles, des difficultés, l'environnement a changé : il faut s'adapter pour que l'action ne s'enlise pas.

La tactique se situe à un niveau de court terme. Sans changer d'objectifs de moyen terme, définis et quantifiés dans la démarche stratégique, on s'adapte, quitte à passer par d'autres chemins et donc à changer d'objectifs intermédiaires (mêmes exemples que précédemment).

CINQUIÈME NIVEAU DE L'ACTION

C'est le présent immédiat, où l'on exécute ce qui a été finalement décidé pour maintenant. On se situe alors dans le *faire,* qui matérialise l'*agir* et réalise peu à peu les objectifs grâce à du *savoir-faire.*

Pour clarifier ces niveaux, reprenons l'exemple de la maison souhaitée par un couple.

Exemple d'une philosophie de l'action :
— respect des lois ;
— respect des délais de paiement des fournisseurs ;
— attention portée à l'environnement.

Exemple d'une politique d'action :
— se construire une maison individuelle ;
— faire appel à l'épargne et à l'emprunt ;
— tenir compte des distances des établissements scolaires ;
— donner la préférence à un environnement plutôt qu'à un autre.

Exemple de stratégie d'action qui en découle :
— à telle date, engager un Plan d'épargne logement ;
— chiffrer le coût du terrain et de la construction ;
— planifier la date à partir de laquelle on pourra démarrer ;

— prévoir le contrôle financier.

Exemple de tactique d'action :

— mettre en place un concours financier immédiat, à la suite d'une difficulté imprévue (voiture partie à la casse et qu'il a fallu remplacer après un accident sans dommages corporels) ;

— changer de fournisseur d'équipements sanitaires, à la suite d'une faillite, etc. ;

— faire faire ou éventuellement faire soi-même certains travaux pour économiser ses ressources.

L'action éducative et ses niveaux

L'action éducative est une action qui se décline sur ces cinq niveaux. En fait, dans notre premier chapitre, nous avons abordé sans le dire les deux niveaux « du haut », celui des principes, c'est-à-dire de la philosophie de l'action et, juste en l'effleurant, celui du projet.

Nous allons donc reprendre ce que nous avons abordé en le situant à son niveau propre, et nous montrerons ensuite en quoi consistent les trois autres niveaux.

Réaffirmons simplement notre volonté d'être réaliste : on ne peut réinventer l'homme. Et la personne humaine est conditionnée aussi bien par son patrimoine génétique unique, par son environnement géographique et social, par son histoire familiale et personnelle que... par son éducation.

C'est en raison de ce réalisme que nous affirmons qu'**il faut que la famille soit éducatrice,** puisque autrement la personne en devenir qu'est l'enfant sera éduquée, d'une façon peut-être dramatique, par les médias, la rue, la cour de l'école, un pédophile, un esprit faux, etc. Et, par expérience, on constate que le mauvais usage du libre arbitre peut conduire à l'esclavage de la drogue, de l'argent, du sexe...

Notre philosophie se veut fondée sur l'amour de cette personne en devenir qu'est l'enfant ou l'adolescent : ce n'est donc pas neutre. Car l'amour est don de soi, risque, exigence, désintéressement, volonté persévérante de faire du bien à l'autre, de l'aider à grandir, à vivre, à être heureux.

L'amour réaliste exige la vérité, dépasse de loin l'affectif même s'il l'intègre, dépasse de loin l'instinct animal qui lie pour un court laps de temps les géniteurs à leur « petit ».

Nous avons posé plus haut les trois directions fondamentales de l'action éducative. Pour le moment, nous nous bornerons :

— D'abord à faire un constat. *Socialiser l'éduqué*, c'est répondre à la nature de l'être humain. Celui-ci est bien une personne unique, mais il ne peut se passer des autres, à la fois parce qu'il est très longtemps dépendant et parce que ses besoins sont tellement nombreux et divers (biologiques, culturels, psychologiques, moraux, spirituels) qu'il ne peut se passer de la société tout entière, même quand il s'en défend...

Développer la personne pour lui permettre de décider, d'agir de façon autonome et responsable, est réaliste. Et dans ces deux aspects, c'est aimer l'autre que lui permettre de devenir lui-même et de vivre en bonne intelligence avec la société.

Quant au *sens de la vie*, le monde actuel nous montre suffisamment de gens perdus, sans repères, qui ne trouvent pas de sens à leur vie, justement, pour nous pousser, par amour, à les aider à en trouver un dans la réalité et pas seulement dans leur imaginaire.

— Ensuite à prendre une résolution, qui est de poursuivre une recherche de cohérence.

C'est à l'éducateur de vérifier, quand il passe à l'organisation de l'action éducative, qu'il est toujours réaliste et bienveillant vis-à-vis de l'éduqué. Bienveillant, cela veut dire que l'on veut le bien de l'autre, qu'on l'aime en vérité.

Même attitude quand il convient de s'adapter à un imprévu (déménagement qui perturbe l'enfant, maladie, etc.).

Si nous avons évoqué ces niveaux de l'action, c'est pour montrer que, pour l'éduqué, la cohérence de l'éducateur dans la durée est essentielle.

Nous faisons d'ailleurs le même constat dans les autres domaines de l'action humaine. Quand l'entreprise n'a pas de principes auxquels elle est fidèle, de projet sur lequel elle peut mobiliser, de stratégie qui donne à ce projet une « visibilité », qui permet à chacun de s'engager pratiquement et donc, à son propre niveau tactique, de s'adapter sans risque de se fourvoyer, elle risque de graves mécomptes économiques et sociaux.

Si les hommes politiques ne vivent que dans la tactique électorale, si leur stratégie est fluctuante, leur projet irréaliste et leurs principes égoïstes, qu'ils ne s'étonnent pas du taux d'abstention et de l'importance du vote protestataire.

En tout cas, pour ce qui concerne l'éducation, l'expérience montre bien l'importance d'une permanence de principes réalistes et bienveillants, la nécessité d'un projet éducatif clair et structuré, et ce souci de cohérence dans la durée qui fait que l'éducateur peut dire ce qu'il fait et faire ce qu'il dit.

Éducation et morale

Réalisme, amour, bienveillance, clarté, cohérence, transparence, tous ces mots qui qualifient notre projet éducatif ne sont pas neutres.

Dans la technique, quand il n'est question que de *faire,* on est efficace, adroit, rapide, ou lent, maladroit, inefficace ; il n'y a pas de connotation morale tant qu'on ne regarde que la matière et ce qu'on en fait.

Or, dans toutes les actions qui d'une manière ou d'une autre touchent la personne humaine, on est obligé de constater qu'intervient un aspect moral.

Prenons justement la technique. Dès le moment qu'elle est employée pour faire quelque chose pour quelqu'un, elle n'est plus technique pure : elle devient action utilisant une technique et mettant en rapport soit un fournisseur et un client, soit un responsable et son subordonné, soit un maître et son apprenti.

À la qualité professionnelle, en soi neutre sur le plan moral, se superpose la conscience professionnelle, qui s'apprécie sur un autre plan. Celui qui fait peut être techniquement compétent mais exécuter son travail sans y mettre l'attention, la persévérance, la ténacité requises. Résultat : le travail est saboté.

A fortiori, l'éducation qui s'exerce sur une personne humaine, même si elle requiert des savoir-faire qui s'apprennent, a toujours une connotation morale. Il s'agit du bien, du bonheur d'une personne. Et nous savons qu'il y a toutes sortes de façons de faire des dégâts dans une relation entre personnes, par dureté ou par laxisme, par naïveté ou par cynisme, par égoïsme ou par indifférence, par désir de domination ou par lâcheté, par manque de franchise ou par dissimulation.

Il est temps de se rappeler le slogan soixante-huitard : « Il est interdit d'interdire. » Cette phrase peut faire supposer qu'il n'y a ni bien ni mal et donc qu'il ne saurait y avoir d'éducation morale. La prétendue morale serait un alibi pour une classe ou une catégorie dominante qui s'en servirait pour garder le pouvoir.

Ce slogan peut aussi signifier qu'il y a peut-être un bien et un mal, mais qu'au nom du libre arbitre à respecter, personne ne saurait obliger autrui à suivre la voie d'un bien supposé.

Notre époque reste marquée par cette injonction et on peut constater que les deux interprétations que l'on en a fait se sont épanouies : l'*amoralisme,* qui ne donne aucun repère moral, et ce qu'on appelle le *libertarisme,* qui exacerbe l'usage du libre arbitre en refusant toute contrainte, qu'elle soit morale ou simplement sociale : « Je fais ce que je veux. Tant pis pour les autres. »

Nous en voyons les résultats, et les sociologues, sans idées préconçues, nous en décrivent les divers avatars. Tony Anatrella, dans son remarquable ouvrage *Non à la société dépressive,* en a fait une peinture saisissante. Il est d'ailleurs significatif de remarquer que le même auteur, dans *Le Sexe oublié,* insiste également sur l'irréalisme qui consiste à vouloir faire une éducation unisexe et bâtir une société où hommes et femmes seraient interchangeables.

Tout cela rejoint ce que nous avons dit sur le réalisme. Il y a bien une *nature* humaine, tout ne vient pas de la *culture* d'un pays, d'une époque, d'un milieu. Il y a en quelque sorte un « mode d'emploi de l'homme » que chacun doit apprendre à connaître, d'abord pour se respecter lui-même, ensuite pour respecter l'autre. Au fond, la morale n'est-elle pas d'abord respect de cette réalité de la nature humaine, respect qui est le chemin obligé du bonheur ?

On voit bien à quel point **amour et réalisme sont inséparables.** Comment pourrait-on aimer sans l'intelligence, qui permet de saisir les besoins de la nature humaine, la nôtre et celle d'autrui ? Mais l'intelligence montre le chemin et il faut de la volonté pour le prendre.

Nous avons en quelque sorte bouclé la boucle. Dès le début de notre réflexion sur la singularité de l'être humain, nous avons remarqué que son esprit, doué de libre arbitre, s'appuyait sur l'intelligence et la volonté. L'éducation prend donc l'intelligence et la volonté comme cibles de son action. Il s'agit

d'éduquer l'intelligence au vrai et la volonté au bien, ce qui ne peut se faire qu'en ayant été soi-même éduqué ou en reprenant certains conditionnements de sa propre éducation, ce qui est plus difficile. Ajoutons que notre âme sensible est assoiffée de beauté et que la notion de beauté transcende la seule sensibilité puisqu'il y a, comme on dit, de « belles âmes » et de « belles pensées ».

On est loin de la caricature d'une éducation moralisatrice, qui se contente de fonctionner d'une façon instrumentale (ça se fait, ça ne se fait pas) sans attirer l'éduqué vers le vrai, le beau, le bien.

La grande philosophe Simone Weil, morte en 1943, a donné dans les cinquante-sept premières pages de *L'Enracinement* un éclairage saisissant sur ce qu'elle appelle les *besoins* de l'âme humaine : l'âme humaine a des besoins, comme le corps a besoin d'oxygène pour respirer, d'eau pour s'hydrater, de nourriture pour se fortifier.

Il est temps de retrouver le vrai sens de la morale, de lui redonner sa place dans l'éducation, de montrer que la quête du bonheur, si naturelle à l'être humain, ne peut en faire l'économie.

Conjuguer « savoir-faire » et « savoir-être » et remettre l'affectif à sa place

Notre réflexion nous conduit à affirmer que l'éducation, qui est action, ne peut se contenter de « recettes techniques », de savoir-faire pratiques. Nous avançons également que l'affectif fait partie de notre nature mais qu'il ne faut pas lui donner la première place.

Certes, nous l'avons dit, on peut et on doit apprendre à mieux communiquer, à adapter des sanctions en tenant compte de la faute, de l'âge, du caractère de l'enfant. Il a besoin de sentir l'amour qu'on a pour lui et donc de recevoir de la tendresse, mais il faut ordonner les choses.

Le plus important, c'est le savoir-être, l'amour vrai, qui s'appuie sur l'intelligence et la volonté. L'affection nécessaire lui est subordonnée, car elle risque de pousser l'éducateur à chercher à être aimé plus qu'à aimer, ou à éviter de faire de la peine, par exemple en ne disant plus à l'éduqué ce qui lui est nécessaire pour se corriger ou en ne sanctionnant plus ses fautes.

Quant au savoir-faire, certains en ont l'intuition, comme les inventeurs ou les artistes, d'autres ont davantage besoin d'en être instruits, mais une maladresse technique est moins importante qu'une lâcheté, un mensonge ou une rancœur.

Nous ne pouvons pas parler du savoir-être sans aborder un point capital : celui du pardon.

Si l'amour est don de soi, le pardon est en quelque sorte le sommet de ce don. Car il exige des deux personnes une attitude d'humilité. Celui qui pardonne doit faire un effort pour ne pas garder de rancune, car son amour-propre peut avoir été blessé par celui qu'il éduque. Celui qui demande pardon fait à coup sûr une démarche humble : il ne faut pas la transformer en humiliation dégradante.

Au passage, profitons-en pour dire qu'**on ne doit jamais punir une erreur, mais punir une faute,** c'est-à-dire la transgression d'un interdit. Quand il n'y a pas eu d'interdit, il ne saurait y avoir de faute, donc de punition, donc de demande et d'obtention de pardon.

Une erreur est source d'apprentissage : on apprend beaucoup par essai-erreur-correction. Quelquefois, l'éducateur a omis d'interdire quelque chose qu'il aurait dû interdire : en ce cas, c'est lui qui a fait la faute ! Qu'il ne fasse pas payer sa faute à l'autre, c'est la moindre des choses.

Et maintenant, poursuivons notre réflexion sur le pardon : l'éducateur peut-il et doit-il demander pardon à l'éduqué dans certaines circonstances ?

Bien sûr, notamment quand il a commis une injustice. Quel éducateur peut penser qu'il est parfait ? Bien évidemment, il arrive que l'éducateur ait réagi trop vite, sous le coup de l'émotion, qu'il ait manqué de contrôle de lui-même et qu'il ait été injuste en paroles ou en actes.

L'éducateur qui sait reconnaître ses torts et demander pardon grandit moralement et son autorité n'en souffre pas, bien au contraire. Mais attention, cela n'est vrai que si l'autorité est habituellement exercée et perçue comme un service. Si l'autorité est caricaturale, s'il s'agit en fait d'un autoritarisme dominateur, la démarche risque d'être perçue comme une revanche par l'éduqué qui peut en profiter pour chercher à « prendre le pouvoir », ce pouvoir qu'il subissait sans en ressentir de bienfait.

Tout cela nous montre bien que **l'éducation est d'abord exigeante... pour l'éducateur.** Mais il ne faut pas s'en effrayer. La clef de l'éducation, c'est l'humilité, sans laquelle on ne saurait parler d'amour. Une connivence éducateur-éduqué se crée lorsque chacun reconnaît qu'il a à progresser et que les deux sont d'accord pour cheminer ensemble dans et vers l'amour, lequel restera toujours un combat contre l'égoïsme et l'amour-propre.

EN BREF...

Rappelons les acquis de ce chapitre :

1. En matière d'éducation, les bonnes idées et les bons sentiments ne suffisent pas : il convient d'agir.

2. L'action humaine exige une continuité et une cohérence dans le temps.

3. Ce qui ne doit jamais varier, ce sont les principes de l'éducation. Cette philosophie est un choix qui n'est pas neutre, car elle va commander le projet éducatif. Notre philosophie de l'action est réaliste, elle suppose qu'il y a une nature humaine à respecter. Elle est spiritualiste, puisqu'elle suppose qu'on éduque dans et par l'amour, ce qui exige un esprit de vérité.

4. Notre politique éducative se traduit en champs d'actions à mener, c'est-à-dire en un projet éducatif ayant pour objectif de permettre à l'éduqué de réussir sa vie. Ces trois champs, déjà identifiés au chapitre précédent, sont : le développement de la personnalité, la socialisation de la personne, le sens de la vie.

5. Ce projet de vie devra se déployer en objectifs précis, identifiés, assortis de moyens, de délais, de contrôles. C'est le « niveau stratégique » qui traduit dans le moyen terme ce que le projet a inscrit dans le long terme. Cette stratégie nécessitera des adaptations tactiques pour faire face aux difficultés imprévues, aux obstacles, aux épreuves.

6. On ne peut évacuer de l'action éducative la dimension morale, dont l'amour vrai ne peut faire l'économie, de même que les savoir-faire pratiques ne dispensent pas de l'affection, elle-même subordonnée au savoir-être spirituel et moral.

Les niveaux de l'action

LA PHILOSOPHIE DE L'ACTION Élaboration des principes
LA POLITIQUE D'ACTION Élaboration du projet global
LA STRATÉGIE Préparation et organisation de l'action
LA TACTIQUE Adaptation de la stratégie face aux situations concrètes
L'ACTION Utilisation des techniques et des savoir-faire

Au sommet se situe la philosophie de l'action (elle élabore des principes).

La philosophie de l'action commande la politique d'action (qui élabore un projet global) ;

La politique d'action conduit la stratégie (qui prépare et organise l'action) comme prendre en compte les délais, les coûts, les moyens, le contrôle.

La stratégie s'adapte grâce à la tactique (qui fait face aux situations concrètes, aux aléas, aux imprévus, aux difficultés).

Et l'action elle-même se déroule (en utilisant des techniques, des savoir-faire pratiques).

Chapitre 3

Universalité, globalité et unité du projet éducatif

Dans les deux chapitres précédents, nous avons vu que l'action éducative, pour espérer atteindre son objectif fondamental : aider l'éduqué à devenir une personne capable et heureuse de vivre, doit être cohérente dans le temps. Cette cohérence dans le temps est obtenue grâce à des principes immuables, élaborés par une réflexion prenant en compte, avec amour, la personne humaine telle qu'elle est.

Philosophie veut dire « amour de la sagesse », c'est ce qui découle du projet éducatif qui va guider l'éducateur dans son action. Il nous reste à montrer que les trois champs de cette action : développement de la personne, socialisation de celle-ci et transmission d'un sens à donner à la vie, confèrent bien à ce projet éducatif un caractère universel, global et unitaire.

Universalité du projet éducatif

Nous affirmons qu'un projet éducatif réaliste a obligatoirement un caractère universel et qu'en outre il est nécessaire qu'il en soit ainsi. Voilà qui paraît contradictoire avec l'existence de cultures multiples, élaborées au cours des siècles sur des continents différents à partir de principes parfois inconciliables les uns avec les autres.

Pour tenter de répondre à l'objection issue de ce constat, nous allons examiner un autre aspect de la réalité sociale actuelle, celui de la mondialisation des échanges et des relations. Nous ne voulons pas débattre ici des idéologies mondialistes ou en faire la critique mais en rester au *fait* de la mondialisation.

La modernisation des transports, l'abaissement de leur coût, l'existence de flux migratoires de populations cherchant à survivre, la recherche par les consommateurs du meilleur rapport qualité-prix, l'ouverture des universités aux étudiants et chercheurs du monde entier, l'adoption par des couples de pays développés d'enfants de pays en voie de développement et bien d'autres facteurs encore ont brassé les individus et fait se côtoyer les multiples cultures. Ce brassage est à la fois facteur d'enrichissement culturel et facteur d'incompréhension, de méfiance, de rejet, de haine, d'affrontements et donc de morts.

Il est temps d'en venir ou d'en revenir à une réalité qui transcende toutes les cultures, car il n'y a qu'*une nature* humaine. Quelle que soit sa culture, l'être humain a besoin de se développer, de se connaître, de s'aimer, de s'intégrer dans la société, d'être aimé, de trouver un sens à sa vie. Tout être humain a une conscience morale qui l'aide à distinguer le bien du mal, une intelligence qui lui permet de discerner le vrai du faux, une volonté qui lui permet de « s'obliger à » et de « s'interdire de », une âme sensible qui ressent joie, crainte, désir, répulsion, indignation, tendresse, un corps qu'il traite généralement en bon outil en l'entretenant, etc.

Il est possible que certaines cultures aient oublié ou négligé de prendre en compte tel ou tel aspect de cette nature. N'est-ce pas la cause de l'existence de sociétés « bloquées » par des systèmes de castes, par la croyance en des pouvoirs magiques ou occultes ou par la domination tribale, dans lesquelles la personne humaine peut se trouver broyée, brimée, privée d'autonomie, dévalorisée, insécurisée et finalement réduite au désespoir ?

Certains discours d'intellectuels, affirmant que tout est culturel, qu'il n'y a pas de nature humaine, allant jusqu'à dire que la différence sexuelle n'est que culturelle, nous paraissent éminemment dangereux. Nous avons déjà cité Tony Anatrella, qui a largement montré l'absurdité et les conséquences désastreuses de ces théories. Pour nous, il n'y a qu'une nature humaine, qui transcende les races, les nations, les cultures.

De ce fait, nous prétendons qu'un projet éducatif peut être universel et qu'il est nécessaire qu'il le soit pour être facteur de concorde, de convivialité, d'amitié entre les peuples comme entre les personnes.

Certes, la manière dont nous expliciterons ce projet éducatif sera forcément conditionnée par notre culture, c'est inévitable. Je ne peux renier mon origine géographique, historique et culturelle. Je m'exprime donc dans un langage imprégné par la culture que j'ai reçue en France, culture respectable et précisément marquée par un profond désir d'universalité : en quelque sorte, cela tombe bien !

De cette qualité de notre culture, le risque à éviter, c'est le goût d'une logique pure déconnectée du réel. Descartes nous a légué cette attirance pour la rationalité, la logique, et nous pouvons l'en remercier, à la condition de rester dans l'humilité d'un réalisme foncier qui nous oblige à nous soumettre au réel, à toujours confronter nos idées à la réalité. Si nous conjuguons un réalisme plein d'humilité avec une rigueur de la pensée qui n'étouffe pas la créativité et l'imagination mais les ordonne, nous ferons grandir cet outil merveilleux qu'est notre intelligence, pour bien éduquer ceux qui nous sont confiés.

Globalité du projet éducatif

La globalité du projet éducatif doit prendre en compte toutes les facettes de la personne humaine, cet être singulier sur la planète, singulier et complexe. Complexe ne signifie pas compliqué mais veut exprimer qu'il y a à prendre en compte des aspects différents, qui peuvent apparaître comme difficiles à concilier mais dont aucun n'est éliminable parce que cela nous gêne.

Ainsi, la personne est unique mais, en même temps, elle est sociale, ce qui peut paraître incompatible mais ne l'est pas... si l'on est bien éduqué !

Ou encore, la personne, douée de libre arbitre, est pourtant conditionnée : cela signifie que le conditionnement ne doit pas devenir déterminant, qu'il ne doit pas paralyser notre libre arbitre. Mais cela veut dire également qu'il faut accepter que notre libre arbitre s'exerce dans des limites.

Autre paradoxe, l'usage du libre arbitre peut conduire à l'esclavage, c'est-à-dire à l'incapacité de continuer à être libre. L'exemple du drogué permet de mettre en évidence cette **différence qu'il y a entre libre arbitre et liberté.** C'est en usant de son libre arbitre – il a fait un choix – que tel jeune a touché à la drogue ; quand il est devenu « accro », il a en fait perdu sa liberté ; il est enchaîné par une dépendance psychologique et physiologique.

Ne nions pas la complexité de la nature humaine, elle est réelle. Le projet éducatif doit prendre en compte globalement tous ces aspects de la réalité humaine. S'il ne le faisait pas, il deviendrait idéologique, c'est-à-dire qu'il partirait de nos idées et non de la réalité. Il *réduirait* le réel à notre conception partielle de la personne et, en voulant imposer à la réalité de la personne ce concept réducteur, il deviendrait tyrannique. L'Histoire du XXe siècle, hélas, nous l'a confirmé : les idéologies sont réductrices au départ et totalitaires à l'arrivée.

C'est pour éviter ce double écueil que nous nous penchons humblement sur la réalité de la personne, que nous en acceptons la complexité et que nous proposons ce projet éducatif global. Nous espérons que les éducateurs qui liront cet ouvrage et s'en inspireront pour conduire leur action éducative pourront effectivement vérifier qu'il a bien un caractère global.

D'ores et déjà, sans entrer dans les détails, nous pouvons donner une idée de cette globalité.

Le « premier » champ de l'action éducative ne signifie pas qu'il est le plus important. C'est simplement celui que nous exposerons en premier.

PREMIER CHAMP DE L'ACTION ÉDUCATIVE

Ce premier champ est celui du *développement de la personne,* destiné à lui permettre d'accéder à la pleine responsabilité de sa vie et de ses actes en tirant le meilleur de ses possibilités. Il est facile de constater que cette action s'appuie sur la collaboration de l'éduqué lui-même, qu'elle mobilise son libre arbitre et donc son intelligence et sa volonté.

L'éducation devra tenir compte des goûts, des dons, des potentialités et des limites de l'éduqué, c'est-à-dire d'une partie de ce qui est inné en lui. Elle tiendra compte de tout ce qui peut, dans l'entourage de l'éduqué, favoriser ce développement (conditionnement social) ainsi que des aspects psychologiques positifs ou négatifs : anxiété, sentiment de dévalorisation ou de dépendance, désir d'être reconnu, encouragé, etc. Elle pourra être à la source de vertus morales : courage, ténacité, persévérance, humilité. Elle encouragera au sport, à l'art, à la culture, à la recherche d'un métier. Le développement concerne toutes les facettes de la personne et s'appuie sur tous les ressorts humains innés, acquis ou en cours d'acquisition, eux-mêmes pilotés par un esprit doué de libre arbitre.

DEUXIÈME CHAMP DE L'ACTION ÉDUCATIVE

Il s'agit de la *socialisation de la personne.* On retrouve évidemment tous les aspects psychologiques, moraux, spirituels, culturels. Citons, dans le désordre : peur de l'autre ou désir de trouver sa place dans la société, émulation ou peur de la concurrence, individualisme chez certains, instinct grégaire chez d'autres, désir de dominer ou au contraire de se fondre dans la masse, tendance à la provocation ou à la conciliation, talent d'organisateur, etc. Là encore, il y a source possible d'acquisitions de valeurs morales : serviabilité et altruisme, solidarité, justice, prudence.

TROISIÈME CHAMP DE L'ACTION ÉDUCATIVE

Il est clair que ce troisième champ, celui du *sens de la vie*, va tirer « vers le haut » l'éduqué, en lui montrant que les épreuves et difficultés de l'existence sont sources de progrès moral et spirituel, qui transcende les limites de nos divers conditionnements.

Unité des trois champs du projet éducatif

Il convient maintenant de montrer que ces trois champs de l'action éducative se complètent.

Il y a une manière – qui est unique – de faire prendre conscience à l'éduqué qu'il se prépare en fait à la vie sociale. Il suffira de lui faire comprendre que son apport à la société favorisera sa propre reconnaissance par celle-ci. À l'inverse, la vie sociale, à laquelle il ne pourra pas se soustraire, exigera de lui qu'il en soit acteur et non spectateur, et acteur « singulier », apportant au groupe son originalité. **La vie sociale n'est riche que de la richesse de toutes ces personnalités uniques qui la composent,** mais ces personnalités, si elles n'apprennent pas à se respecter, à respecter les règles de la vie en commun, à collaborer au bien général, vont au mieux se neutraliser, au pire se détruire.

L'exaltation du caractère unique de la personne ne s'oppose nullement à l'édification d'un corps social, fort de son esprit communautaire. Il y a un bien commun, qui n'est pas la somme des intérêts particuliers mais qui est conjugaison harmonieuse de personnes, à la fois semblables dans leur nature et diverses dans leur singularité.

En fait, toute l'action éducative, qui se préoccupe de donner sens à la vie de l'éduqué, favorise ce rapprochement de la facette unique *et* de la facette sociale de la personne humaine. On voit bien qu'au-delà des cultures et des conditionnements divers il y a une commune « nature humaine ». Celle-ci nous donne ce désir universel du bonheur, que nous recherchons de façon parfois aberrante si nous n'avons pas été éduqués « sainement », si nous n'avons pas été « vaccinés » contre les maladies modernes, qui ont nom désinformation, publicité mensongère, idéologie, sectarisme, abrutissement médiatique, voyeurisme, etc.

Nous verrons qu'il y a, entre autres, une manière saine de rechercher le bonheur, qui unifie la personne, la consolide et la fortifie.

Pour conclure ce chapitre et cette première partie, il nous faut revenir aux destinataires de cet ouvrage, c'est-à-dire les éducateurs. Le moment est venu de le faire.

Les parents, premiers éducateurs

Par nature, les parents sont les premiers éducateurs des enfants. Qu'ils en soient les géniteurs ou qu'ils les aient adoptés, ils se sont reconnu une responsabilité vis-à-vis d'eux. La famille est la cellule de base de la société, elle est constituée pour la perpétuation de l'espèce, elle accueille donc la vie, en protège la fragilité et, tout naturellement, conduit l'enfant à son autonomie.

Nous l'avons vu, le conditionnement social est inévitable. Quoi de plus normal que la cellule de base de la société se charge de ce conditionnement particulier qu'est **l'éducation, dont la finalité ne peut être que le bonheur de l'enfant,** puisqu'il est « dans la nature des choses » que les parents aiment leurs enfants. Quand ce n'est pas le cas, on dit justement qu'il s'agit de parents dénaturés.

Les parents réunissent les meilleurs atouts pour l'éducation de leurs enfants, puisque, nous l'avons vu, l'éducation exige réalisme et amour. La réalité de leurs enfants, les parents la connaissent mieux que quiconque, ils la vivent depuis le début. Ils sont les mieux placés pour connaître un certain nombre de caractéristiques propres à leurs enfants, leur hérédité, leur milieu, leur histoire. On sait bien d'ailleurs que les parents adoptifs ont à cet égard un désavantage sur les parents biologiques, qu'il leur faudra compenser par un surcroît d'attention et d'affection.

Quant à l'amour, les parents devraient y être particulièrement portés par celui qu'ils se vouent mutuellement, dont l'accomplissement réside, pour une part notable, dans cette paternité et cette maternité. L'expérience montre, pour l'éducation des enfants et pour ses fruits, l'importance de l'amour qui lie le père et la mère. Le véritable séisme social que notre époque connaît avec les ruptures de plus en plus nombreuses des couples se traduit très souvent par un désastre éducatif, qui amène parfois à des drames navrants : suicide de garçons et de filles de plus en plus jeunes, coups de folie de toutes sortes, drogue, violence...

Les enseignants ont un rôle à jouer utilement *au service des parents,* en prolongeant à l'école la tâche première de la famille. D'ailleurs, comment peut-on enseigner sans jouer un certain rôle éducatif ? En outre, tout apprentissage favorise par lui-même l'éducation puisqu'il exige persévérance, humilité, attention, ténacité.

Mais nous ne cesserons jamais d'affirmer que les parents ont la mission naturelle d'éduquer leurs enfants. Certes, ils ont besoin qu'on leur transmette l'expérience des générations précédentes, qu'on l'affine avec eux, qu'on les conseille au besoin, sans toutefois oublier que la nature de parents leur donne intuitivement des pistes d'action éducative souvent très saines.

Les parents, sauf exception, doivent rester les premiers et principaux éducateurs de leurs enfants pour la société et pour tous ceux qui, tout à fait légitimement, vont être amenés par leur fonction à jouer un rôle éducatif ; enseignants, entraîneurs de clubs sportifs, maîtres d'apprentissage et de stage, responsables de patronages et d'associations à vocation culturelle, etc., devront se considérer comme auxiliaires des parents en ce qui concerne l'éducation.

Les vertus de l'éducateur

Je préfère parler de *vertus* pour l'éducateur plutôt que de qualités, car ce dernier terme pourrait sous-entendre que certains n'ont pas qualité pour éduquer. Cela pourrait aussi inciter les parents à démissionner de leur rôle, en ayant bonne conscience : « Que voulez-vous, je n'ai pas les qualités requises... » Certes, on ne peut nier que certains ont un don pour l'éducation, l'intuition de ce qu'il faut faire et de ce qu'il faut éviter, une capacité à calmer, à raisonner, à écouter, à dialoguer, mais éduquer reste à la portée de tous les parents qui le désirent vraiment.

Nous avons fait remarquer, dès les premières pages de ce livre, que l'éducateur devait s'éduquer lui-même. Une autre manière d'exprimer cette idée consiste à dire que **nous élevons nos enfants mais qu'ils nous élèvent aussi,** en nous obligeant à nous surpasser. C'est dire que **l'éducation requiert davantage de vertus que de connaissances pointues.** L'éducation demande une intelligence du cœur, qui n'exige ni diplôme ni capacités intellectuelles, elle exige du bon sens, pour coller au réel, et beaucoup d'amour.

Mais on peut vérifier qu'elle va demander l'acquisition progressive de vertus morales, particulièrement des quatre fameuses vertus cardinales, qui structurent si utilement la personne humaine.

LA VERTU DE JUSTICE

Nous le savons tous, l'injustice est difficile à supporter. Un adulte particulièrement solide peut y parvenir, mais on ne saurait demander à un enfant d'être héroïque à ce point, surtout si l'éducateur injuste est l'un de ses parents. Attention donc à reconnaître les efforts, à ne pas avoir de chouchou, à savoir récompenser et punir à bon escient, etc.

LA VERTU DE FORCE

L'éducation n'est pas une tâche facile. La personnalité de l'enfant, en s'éveillant, le pousse à s'opposer, avec des moments de crise et des périodes d'accalmie. Certaines crises, et pas seulement à l'adolescence, demandent aux parents une véritable force morale pour tenir ferme sans violence, une « force tranquille », pour reprendre un slogan qui fit mouche.

LA VERTU DE PRUDENCE

La vie, c'est le risque, ce mélange bien connu de danger potentiel et d'opportunité réelle. Ne jamais prendre de risques est très imprudent et conduit à une forme de survalorisation du « moi ». Nous verrons plus loin qu'il faut apprendre à l'enfant à savoir prendre des risques et, souvent, cela fait peur aux parents. La vertu de prudence joue alors son rôle en nous conduisant à prendre des risques pesés, évalués, ni à l'aveuglette ni au sentiment.

LA VERTU DE TEMPÉRANCE

Elle désigne la maîtrise de ses passions. Comment aider un enfant à canaliser ses émotions, à maîtriser ses pulsions, à ordonner ses sentiments, si on ne lui en donne pas l'exemple ? Rappelez-vous le sketch de Coluche qui prenait une voix d'alcoolique bien imbibé pour jouer un père reprochant à son fils de fumer du haschisch !

L'amour que l'on porte à ses enfants doit amener chacun des parents à faire, en son nom précisément, cet effort de volonté qui permet l'acquisition des vertus morales : il n'y a que le premier pas qui coûte !

EN BREF...

Dans cette première partie, notre objectif était de rappeler que :

1. Les parents sont par nature les premiers et principaux éducateurs. Ils œuvrent pour la société tout entière en jouant leur rôle éducatif et méritent bien l'aide et le concours des éducateurs seconds que sont les enseignants, entraîneurs, maîtres de toute sorte.

2. Tout enfant a besoin d'être éduqué pour développer sa personne, l'amener à maturité, la préparer à la vie sociale, lui permettre de trouver un chemin de bonheur.

3. On élève ses enfants, mais ils nous demandent de nous élever en acquérant des vertus morales qui soutiennent notre amour, vertus de justice, de force, de prudence et de tempérance, sans oublier l'incontournable humilité.

4. L'éducateur a obligation d'action mais pas obligation de résultats, car l'enfant peut rejeter, au moins en apparence et pour un temps, ce qu'on a voulu semer en lui.

5. L'amour vrai est exigeant, dépasse de loin l'affectivité, implique l'intelligence et la volonté, n'exclut pas l'affrontement, allie le respect à la fermeté et recherche « la vérité qui rend libre ».

6. L'éducation est un long chemin qui oblige à une cohérence dans la durée, la référence à des principes, le suivi d'un projet éducatif qui réponde à tous les besoins de l'éduqué, quel qu'il soit.

DEUXIÈME PARTIE

LE PROJET ÉDUCATIF

Brève présentation de la deuxième partie

Nous avons d'abord porté notre regard sur l'être humain. « Personne en devenir » dès sa conception, dont le patrimoine génétique est fixé de façon unique et irréversible, il recèle en lui des potentialités, des goûts, des limites qui lui sont propres. Il a également besoin de devenir, grâce à son intelligence et à sa volonté, un bon usager de son libre arbitre, un bon pilote capable de maîtriser ses pulsions, de canaliser ses émotions, d'ordonner ses sentiments. Il a dans le cœur un profond désir de bonheur.

L'éducateur, sans complexe ni mauvaise conscience, doit user d'autorité pour rendre à l'éduqué ce service éminent de lui permettre de devenir une personne responsable d'elle-même, capable de vie sociale, sachant quel est le sens de la vie, bref, un adulte qui puisse réussir *sa* vie.

Cela se traduit dans un projet éducatif comportant trois champs d'action, que nous exposons dans un ordre qui n'est pas chronologique et dont nous avons déjà précisé qu'ils se renforcent l'un l'autre.

Chacun de ces champs d'action se compose de trois sous-domaines, ce qui fait que l'éducateur

« joue » sur un clavier à neuf touches ! À lui de juger au fil des jours, des mois et des années, sur quelle(s) touche(s) il doit appuyer, selon les circonstances du moment. Bonne chance à tous !

Chapitre 1

Le développement de la personnalité

Préambule

Pour comprendre ce qu'il faut faire, il est souvent utile d'analyser un état de fait insatisfaisant pour éviter qu'il ne se transforme en problème plus grave. On tire souvent d'utiles leçons des erreurs et des fautes commises, ce qui permet de rectifier le tir si c'est encore possible et, en tout cas, de ne pas reproduire les mêmes erreurs et fautes dans l'avenir.

Comme le dit le proverbe latin : *Errare humanum est, sed perseverare diabolicum,* « Se tromper est humain, persévérer est diabolique » !

Les psychologues constatent que la personnalité de beaucoup de nos contemporains n'est pas mature, que leur « moi », pour reprendre leur vocabulaire, est faible. De ce fait, ils ont un comportement d'assisté, font preuve d'irresponsabilité dans la conduite de leur vie, ont du mal à prendre des décisions et à s'y tenir, sont à la merci de toutes sortes d'influences, donnent l'impression de « flotter » et non de piloter leur vie.

Les sociologues mesurent les dégâts produits par la multiplication de ce type de comportement et dressent le bilan des ruptures familiales, de la dépendance vis-à-vis des drogues, de l'enrégimentement des faibles dans les bandes, de la prolifération des assistés, de l'augmentation de la pédophilie, etc. C'est la « société dépressive », si bien analysée par le psychosociologue Tony Anatrella, déjà cité.

Pour notre part, avec notre expérience éducative de plus de quarante ans, nous en avons déduit que le rôle de l'éducateur est de tout mettre en œuvre pour que **l'éduqué acquière un « moi » fort, qui lui permette d'user de son libre arbitre de façon adulte et responsable.** Ce que nous exposons est le fruit de notre expérience et le cheminement que nous proposons est fiable et vérifiable.

Nous avons annoncé que chacun des champs d'action se composait de trois sous-domaines liés, bien sûr, les uns aux autres. C'est l'observation qui nous a amené à cette analyse.

Observons tout d'abord que **la responsabilité implique une certaine autonomie de décision.** Nous ne sommes jamais indépendants des autres, de la société, et notre champ d'autonomie n'est jamais illimité, nous le verrons dans l'étude du champ de la socialisation de la personne. En revanche, quelqu'un qui se sent tout à fait prêt à décider est frustré si on ne lui laisse pas d'autonomie. Il l'exprime en disant : « Je suis la cinquième roue du carrosse, je suis un pion sur l'échiquier », etc.

Ceux qui ne sont pas frustrés de ce manque d'autonomie, qui se laissent assister ou ballotter par les événements, ne sont pas forcément conscients de leur état ou s'y sont résignés. Si vous les interrogez ou si vous les observez, vous remarquerez qu'ils manquent généralement de confiance en eux et/ou qu'ils ont peur des conséquences d'une éventuelle prise de décision.

Il n'est pas inutile de remarquer l'importance du facteur temps dans ces trois attitudes :

— le manque d'autonomie, on le ressent dans le présent. C'est *maintenant* que je suis le pion sur l'échiquier ;

— le manque de confiance est relatif au passé. Ce sont les échecs, réels ou ressentis, mal gérés en tout cas, qui ont engendré ce sentiment d'échec, qui devient manque profond de confiance en soi ;

— quant à la peur, à l'anxiété également paralysante, elle est liée à l'avenir, évidemment imprévisible, qui angoisse.

Le présent de l'éducateur va devenir très vite le passé de l'éduqué. C'est donc dans le présent que l'éducateur doit donner confiance en lui à l'éduqué.

Et c'est peut-être parce que l'expérience m'a montré que le manque de confiance en soi est catastrophique pour la personne, la mettant en permanence sous influence et induisant inéluctablement la peur de l'avenir et la difficulté d'autonomie, que je choisis de commencer l'exposition du projet éducatif par l'étude du champ « développement de la personnalité » et celui-ci par le volet « confiance en soi ».

De fait, les trois premiers fondamentaux de l'éducation seront exposés dans l'ordre suivant :

— favoriser la confiance en soi de l'éduqué ;

— l'aider à maîtriser son anxiété ;

— lui apprendre l'usage de l'autonomie.

PREMIER FONDAMENTAL

Favoriser la confiance en soi de l'éduqué

La confiance en soi : de quoi s'agit-il ?

Il est utile de bien comprendre ce que nous entendons par confiance en soi. Rappelons-nous que nous avons découvert son importance à travers les dégâts causés par son absence.

Quand la confiance en soi n'existe pas, la personne est psychologiquement fragilisée. Un doute s'installe en elle, un sentiment négatif de dévalorisation l'envahit. Elle peut d'ailleurs le laisser paraître, et tous les « prédateurs » risquent d'en profiter, ou elle peut chercher à le dissimuler en manifestant suffisance, arrogance ou agressivité. Gare à elle si quelqu'un de perspicace fait sauter le masque et craquer le vernis, et danger supplémentaire si le perspicace est en même temps mal intentionné. Quand la baudruche se dégonfle, le spectacle est affligeant : certains risquent de ne jamais s'en remettre.

Il serait donc dangereux de ne se focaliser que sur l'aspect psychologique, ce que font nombre de gourous : « Voici les dix recettes magiques pour trouver ou retrouver confiance en vous. » Je pense également à certaines écoles post-baccalauréat où l'on « gonfle » la tête de ceux qui s'y forment, ou peut-être s'y déforment : « Vous êtes les meilleurs... »

L'aspect psychologique est important, mais à sa place, et à sa seule place. L'éduqué doit en effet acquérir un sentiment de valeur fondé sur une valeur réelle, qu'il connaît, dont il peut parler, et sans « la ramener », parce qu'il l'a expérimentée et qu'il sait être capable de la montrer sur le terrain.

La vraie confiance en soi est donc liée à des éléments *objectifs* et elle va se traduire *subjectivement* par un sentiment de valeur pour l'éduqué. L'éducateur va ainsi jouer à la fois sur le clavier psychologique, pour neutraliser tout sentiment de dévalorisation, et sur le clavier de la construction objective d'une réelle valeur de l'éduqué, ce qui se traduira peu à peu par une confiance en soi d'autant plus satisfaisante psychologiquement qu'elle sera fondée sur la réalité.

Nous allons donc aborder maintenant le rôle de l'éducateur dans cette construction d'une valeur réelle de l'éduqué.

Une conviction fondamentale : tout être humain est digne d'être aimé

Dès le début, nous l'avons affirmé, éduquer, c'est aimer. **Lorsqu'une société perd le sens de ce qu'on appelle « l'éminente dignité de la personne humaine [1] », les pires déviances sont à craindre.**

1. C'est cette dignité commune qui permet de parler d'égalité entre les hommes. Dans les faits, tous les êtres sont différents, effectivement inégaux en performances, dans tel domaine, à tel moment, pour telle raison. Mais cela ne modifie en rien leur égale dignité de personne humaine.

Nous le voyons bien à l'heure actuelle : on risque de classer les humains en « dignes de vivre » et en « êtres inférieurs », pour cause de handicap génétique ou congénital, de race ou de « non-correspondance à mon choix ».

N'oublions pas que le XXe siècle a vu des millions d'êtres humains conduits à la mort comme ennemis de classe ou membres d'une « race inférieure », mais le XXIe siècle, en raison des progrès scientifiques, peut conduire à un eugénisme caché ou affiché, ou à de nouveaux génocides devant lesquels les grandes consciences baisseront lâchement leur regard.

Pensons *a contrario* au travail extraordinaire que font ceux qui se penchent avec amour sur les handicapés de toutes sortes pour les aider à acquérir leur autonomie maximale.

L'éducateur à la recherche des points forts potentiels de l'éduqué

Nous constatons que les adultes montrent des points forts dans certains domaines et des points faibles dans d'autres. Les domaines sont d'ailleurs multiples : la relation avec les autres, l'organisation, l'adresse physique, la résistance à la fatigue, l'observation, l'imagination créatrice, le sens du beau, l'esprit d'analyse, l'intuition, la rigueur de raisonnement, la qualité d'expression, etc.

Si l'on analyse un peu la manière dont tel ou tel est parvenu à un point fort, on constatera qu'elle conjugue à la fois un goût pour le domaine, une certaine aptitude naturelle et... beaucoup de travail.

Une deuxième remarque de bon sens s'impose : le travail étant exigeant, on ne peut pas tout travailler. Il faut donc, sans complexe, se résigner à parvenir à l'état adulte avec des points forts et des points faibles.

Troisième remarque : si les personnes performantes ont beaucoup travaillé, c'est qu'elles en avaient le goût et l'aptitude. **Le goût facilite l'ardeur au travail, l'aptitude permet de voir plus rapidement les progrès et encourage à poursuivre.**

On peut donc se risquer à proposer une stratégie d'action à tous les éducateurs : vous aurez plus d'enthousiasme ou au moins de coopération de la part des éduqués si vous vous intéressez prioritairement à leurs points forts, potentiels ou présumés, pour les leur faire développer, plutôt qu'à leurs points faibles, pour les leur faire corriger.

Cette stratégie va à l'encontre de ce que nous avons pu observer chez la majorité des parents, des enseignants et des responsables hiérarchiques dans le monde du travail.

Interrogez-vous, chers parents, et faites votre examen de conscience sur les commentaires que vous assenez à vos enfants à la remise des bulletins scolaires ! Je n'insisterai pas...

Poursuivons donc la réflexion points forts/points faibles. Le travail, nous l'avons dit, est indispensable pour qu'un point fort potentiel devienne un point fort réel. Or le rendement du travail sur un point fort potentiel est sans commune mesure avec celui du travail sur un point de difficulté. En termes de gestion de l'énergie, il est évident qu'il faut prioritairement travailler les points forts, ce qui va exiger une rigueur, une attention, une persévérance qui auront des retombées positives sur les fameux points faibles.

Travailler prioritairement les points forts ne signifie donc pas ne plus se préoccuper des points faibles. Pour ce qui concerne ces derniers, il est important de voir si telle performance actuelle, dans tel domaine, constitue par sa médiocrité un réel danger pour l'éduqué ou un handicap par rapport à la réalisation d'une ambition.

J'aime prendre des exemples dans le sport, parce qu'ils permettent de faire comprendre bien des choses sans aborder le problème toujours sensible, abusivement sensible dans la plupart des cas, des performances scolaires. Regardez la diversité des talents composant une grande équipe de sport collectif. Croyez-vous qu'un entraîneur demande à son joueur vedette de faire le travail d'essuie-glaces et de récupération de ballon que fait le reste de l'équipe ? Et la vedette du groupe sait très bien ce qu'elle doit aux autres pour pouvoir apporter le concours de son immense talent offensif à toute son équipe.

Ne demandez pas à quelqu'un qui a naturellement une lourde musculature et une faible capacité pulmonaire de courir le marathon alors qu'il est capable d'excellentes performances sur cent mètres.

Application au problème scolaire

La masse des connaissances humaines ne cesse d'augmenter et il est illusoire de vouloir bâtir des programmes encyclopédiques pour tenir compte de cet accroissement. Le monde du travail en a pris acte puisqu'il a instauré la formation permanente. En outre, les banques de données se multiplient et permettent à chacun d'acquérir de nouvelles connaissances.

En revanche, **il y a des compétences de base à acquérir pour pouvoir, comme nous l'avons vu, continuer à développer ses points forts tout en évitant que ses points faibles ne soient un danger ou un handicap.** On pense, bien sûr, aux apprentissages de base : lire, écrire, compter, qui permettent de consolider ultérieurement un usage correct de la langue écrite et parlée, l'acquisition des raisonnements de logique de base, etc.

Rappelons que l'ancien certificat d'études primaires donnait un bagage de compétences scolaires aisément transformables en compétences professionnelles, et il était en même temps une ouverture potentielle pour l'acquisition d'une culture personnelle. Ce n'est que rarement vrai, aujourd'hui.

Or la vie, ce n'est pas l'école. **L'école est un moyen (et ce n'est d'ailleurs pas le seul pour acquérir des connaissances), ce n'est pas une fin.** L'école est faite pour aider à l'acquisition de compétences, dont certaines vont être de plus en plus singulières, accompagnant l'existence chez chacun de potentialités (points forts possibles) et de limites (points faibles à bien gérer). Or nous savons qu'il y a un peu moins de 20 % d'intelligences naturellement adaptées au monde scolaire français actuel. Les 80 % restants ont évidemment d'autres formes d'intelligence, qu'il serait souhaitable de mieux prendre en charge.

Nous sommes maintenant des centaines, voire des milliers, représentant toute la gamme des sensibilités, à dénoncer les erreurs imposées à tout le pays par une lourde machine qu'on appelle l'« Éducation nationale ». De réforme en réforme, elle a privé de plus en plus d'enfants des outils de base qui permettent l'acquisition des connaissances ; elle impose des programmes mais ne donne pas de réelles méthodes de travail, ne fait pas accéder à l'esprit critique, se révèle prétentieuse dans ses ambitions mais prive d'une vraie culture générale ; le collège unique aggrave les effets pervers d'un primaire dévasté, et ce sont les enfants des milieux sociaux les moins favorisés qui paient le plus lourd tribut à cette défaillance nationale.

Revenons à la réflexion points forts/points faibles. Elle a le mérite d'obliger à bien posséder les compétences de base. Elle est source de motivation en raison de l'accent mis sur le renforcement des points forts. Elle conduit donc, ô scandale, à apprendre à savoir faire des « impasses » judicieusement choisies. Elle empêche que les points faibles ne deviennent des handicaps ou des dangers. Mais n'est-ce pas ce qu'on fera toute la vie ?

Constatons d'ailleurs qu'**une performance scolaire n'est ni une garantie d'intelligence du réel, ni un gage de bonnes performances professionnelles.** Nombre de brillantes mécaniques intellectuelles tournent à vide et ne collent pas au réel. À l'opposé, nombre d'autodidactes, qui n'avaient ni le goût de l'école ni l'intelligence scolaire, se révèlent dans la vie professionnelle, sont fréquemment eux-même créateurs d'emploi et... sont heureux. Quel dommage qu'ils gardent parfois un secret complexe de n'avoir pas de diplôme !

Il y a dans notre pays une fâcheuse survalorisation de la réussite scolaire et universitaire. C'est cela que je dénonce, sans minimiser l'importance de l'école et de l'enseignement supérieur qui ont la mission de donner les moyens d'acquérir des compétences.

Mais la plus grande joie, c'est d'aider quelqu'un, quel qu'il soit, à réussir sa vie. Et pour cela, il est nécessaire de détecter ses points forts potentiels.

Connais-toi toi-même, en vue de la vie

Cette détection doit se faire avec la collaboration de l'enfant. L'être humain a besoin d'aimer. Or il est évident qu'on ne peut aimer l'autre qu'en commençant par s'aimer soi-même. **La confiance en soi passe justement par un légitime amour de soi, qui n'est ni égoïsme ni orgueil.**

Remarquez l'énorme différence qu'il y a entre « être content de soi », ce qui peut être de la prétention, et « être content d'être soi », ce qui signifie : ne pas rêver d'être un autre ; ne pas rêver d'avoir des points forts de façon irréaliste ; mais se dire qu'étant ce qu'on est on peut réussir sa vie.

On ne peut pas s'aimer en vérité si l'on ne se connaît pas. Le conseil de Socrate à ses disciples, « Connais-toi toi-même », n'a pas perdu une once de sa valeur.

L'éducateur, au lieu de faire des comparaisons inutiles avec les autres, doit d'abord intéresser l'éduqué à lui-même et lui démontrer que la collaboration éducateur/éduqué est capitale pour atteindre cet objectif essentiel : « Je te connais, tu te connais, ce qui va nous permettre de coopérer à *ton* développement. »

Je suis également partisan d'**intéresser le plus tôt possible l'enfant au fait qu'il devra avoir un métier,** que c'est à la fois nécessaire et enrichissant, et que ce métier doit valoriser ses points forts.

Il faut savoir qu'il existe de plus en plus d'outils et de banques de données pour nous aider, éducateur comme éduqué, dans la connaissance de nous-mêmes et dans la connaissance des métiers.

N'oublions pas également **l'importance du dialogue.** Quand l'éducateur remarque lui-même une caractéristique qui lui semble significative de la personnalité de l'éduqué, une aptitude (c'est-à-dire la facilité à réaliser une performance quelle qu'elle soit), un goût prononcé pour une activité, un trait de caractère marqué, il est utile d'en parler avec l'intéressé.

Demandez aux maîtresses de maternelle si elles ne remarquent pas très vite des caractéristiques propres à vos enfants. Le dialogue des parents avec les enseignants, les entraîneurs de sport, les moniteurs d'activités manuelles, les professeurs de chant et de musique... est capital.

D'une manière plus générale, toutes les situations d'apprentissage sont révélatrices. Elles renseignent très vite :

— sur le caractère : par exemple, émotivité forte qui perturbe, trac, mais aussi propension à l'enthousiasme, excitation positive et motrice, activité faible, difficulté à passer à l'acte, fatigabilité ; intérêts sensoriels divers : visuel, auditif, tactile, gustatif, olfactif ; caractère combatif ou conciliant, curiosité intellectuelle forte ou faible, besoin d'être reconnu socialement ou indifférence, etc. ;

— sur les vertus morales : ténacité, courage, persévérance, humilité, maîtrise de soi... ;

— sur les dons et les goûts, bien sûr.

Le milieu familial joue-t-il un rôle dans les choix de l'enfant ?

Il est certain que le milieu familial joue un rôle, mais attention, ce rôle peut être d'attirer ou de... repousser. Et cela, les parents, premiers éducateurs, doivent l'accepter avec humilité. Les phénomènes de rejet peuvent notamment être importants quand les deux parents ont le même métier, les mêmes centres d'intérêt, les mêmes passions.

Cela est vrai aussi bien pour le choix des loisirs que pour celui de la profession. Cela peut être dû à la perception par l'enfant des contraintes du métier, qu'il subit sans en goûter l'attrait, sans pouvoir en estimer l'impact social, sans être en mesure d'apprécier le bien que fait l'un ou l'autre des parents à l'extérieur... ou en étant jaloux de ceux qui en bénéficient.

Cela dit, il est utile que les éducateurs sachent expliquer l'intérêt de leur métier, de leur vie associative, de leurs loisirs, de leurs passe-temps favoris : cela peut éveiller utilement l'attention de l'éduqué, à condition de se rappeler qu'il est un être unique, qu'il a à faire *sa* vie, avec *ses* qualités propres et non avec celles que nous voudrions qu'il ait. Son bonheur en dépend.

Nous ne le dirons jamais assez : **pour le développement de la personne, les deux maîtres mots sont exigence et respect.** *Exigence* parce qu'il n'y a pas de points forts réels sans travail, *respect* parce que le caractère unique de la personne doit être exalté et valorisé.

Le drame, pour les éducateurs, c'est de voir un enfant ne s'intéresser à rien, du moins à rien qui puisse jouer un rôle pour le construire, ni l'école, ni le sport, ni l'art, ni l'artisanat, ni la lecture... Dans un tel cas, les éducateurs doivent s'interroger sur leur propre comportement vis-à-vis de l'éduqué.

Donner faim au lieu de gaver

Aujourd'hui, beaucoup d'enfants semblent blasés. S'ils n'ont plus le désir d'être et donc de grandir, de se développer, c'est qu'ils sont rivés sur l'avoir. Tout se conjugue pour les enchaîner au désir de posséder, d'avoir toujours plus. Beaucoup de parents croient acheter l'affection de leurs enfants en leur faisant des cadeaux sans arrêt. La publicité favorise cette soif permanente de biens matériels, et comme la technologie progresse et permet d'offrir sans cesse de nouveaux produits, nos contemporains se trouvent pris dans une spirale de recherche de moyens d'achat pour consommer.

Il n'y a d'ailleurs pas que les biens de consommation qui soient en cause ; on se trouve dans la même situation vis-à-vis des offres innombrables de loisirs organisés. Quant à la télévision, avec la multiplication des chaînes, le spectacle est permanent et le zapping ajoute la superficialité à la passivité.

Les parents les plus conscients ou du moins les plus instinctivement méfiants vis-à-vis de la télévision croient souvent, de bonne foi, que le danger vient principalement de la médiocrité ou de la nocivité des émissions. Ils négligent le fait que, même en sélectionnant celles-ci, un danger moins apparent mais réel réside dans la *quantité* de télévision absorbée et dans l'habitude du zapping.

Les Américains, qui sont toujours les premiers à expérimenter les nouveaux produits et les nouvelles modes, ont publié depuis plus de dix ans des études, portant sur des effectifs impressionnants, qui montrent que l'excès de télévision rend passif, annihile l'esprit critique et favorise la superficialité.

Mais l'école n'a-t-elle pas pris le même chemin ? Elle a multiplié les matières scolaires et les activités d'éveil, favorisé la dispersion des élèves, organisé des classes de découverte, bref, elle a gavé les élèves, saturé leur curiosité au lieu de l'éveiller. Elle a ignoré la profonde diversité des intelligences, elle n'a pas répondu de façon diversifiée aux centres d'intérêt multiples, elle a imposé des normes d'âge pour l'entrée dans le cycle primaire et celui du collège, elle a massifié la formation de la jeunesse et souvent n'a pas tenu compte des enfants intelligents, originaux, qui ne « rentrent pas dans le moule ». Quant aux enfants intellectuellement précoces, elle les a souvent transformés en paresseux en ne répondant pas à leurs besoins. Elle forme très mal ses enseignants, ne les préparant pas à associer chaque enfant à sa formation, ce qui impliquerait pour les élèves des apprentissages rigoureux et des méthodes de travail sérieuses.

Une fois de plus se révèle le paradoxe que **l'autonomie exige une formation rigoureuse, une discipline sans faille, une absence de laxisme.** L'éducateur travaille à sa propre disparition : il faut bien qu'avant de disparaître il ait pu et su donner à l'éduqué les possibilités de son autonomie, c'est-à-dire de bonnes habitudes, de bonnes méthodes, de bons réflexes, qui renforcent la personne dans son être, ce qui lui permettra d'acquérir ce dont elle a besoin pour être elle-même, pour devenir ce qu'elle est potentiellement.

Ce qui donne confiance en soi, c'est d'être conquérant

Voilà peut-être ce qu'il est le plus important de faire comprendre à celui qu'on éduque. **Devenir soi-même est une conquête, cela ne se fera pas tout seul.** Sans ce désir d'aller de l'avant, de surmonter les épreuves, d'affronter les difficultés, on n'a aucune chance de se découvrir, de se développer, de devenir ce que l'on est en germe. On ne gravit pas un sommet élevé en montagne sans avoir cet esprit de conquête et, le sommet atteint, on a vraiment le sentiment d'avoir réussi un petit exploit et la satisfaction d'avoir surmonté des difficultés : bref, on est légitimement fier d'être parvenu au but.

C'est bien cet esprit de conquête qu'il faut insuffler à nos jeunes. **La confiance en eux leur viendra d'avoir vaincu, de s'être vaincu.**

Mais, au fond, n'est-ce pas ce même esprit qui doit animer l'éducateur ? Éduquer est un véritable défi, tout le monde sait bien que ce n'est pas facile, et si l'éducateur n'a pas confiance en lui, s'il n'a pas lui-même cet esprit de conquête, il est peu probable qu'il puisse le faire naître chez l'éduqué. Mais cet esprit de conquête n'exclut pas un profond réalisme. Comme chaque enfant est un être unique et que les possibilités humaines sont sinon illimitées, du moins innombrables, cet être unique reste limité. Il connaîtra dans cette conquête de lui-même des succès et des échecs. **L'échec fait donc partie de la vie et ne doit pas être source de découragement.**

L'échec, comme le succès, nous donne des informations sur nous-mêmes, sur nos goûts, nos aptitudes et la manière dont nous avons conduit notre action. L'analyse, à froid, de ces informations est précieuse et il faut la faire avec nos enfants et nos jeunes pour qu'ils en prennent l'habitude.

Prenons le problème des goûts. Un jeune peut confondre un goût réel avec un fantasme, né d'un récit, d'une émission, d'une lecture. L'imaginaire peut lui peindre une activité sous une apparence séduisante. Avec la télévision, il peut fantasmer et avoir un engouement pour une activité qui, à l'usage, se révélera pour lui sans attrait.

Même possibilité avec les aptitudes. On peut rêver de se lancer dans une activité pour laquelle on n'a pas le minimum d'aptitudes naturelles. À l'inverse, il peut arriver qu'on se croie incapable d'entreprendre quelque chose alors qu'on en a les capacités.

Reste que le plus important est de savoir si l'on a pris les moyens de l'action que l'on voulait mener.

L'analyse d'un échec est donc généralement plus importante que celle d'un succès, qui confirme souvent ce qu'on pressentait ou infirme les craintes irraisonnées que l'on avait. L'avantage de l'analyse est justement d'être une démarche rationnelle, qui dépasse les émotions ; d'où l'intérêt qu'il y a à opérer cette analyse à froid.

L'échec est dû au fait que ce qui, à un moment donné de l'action, devait être fait ne l'a pas été : l'envie n'y était pas, la volonté a fait défaut, la préparation a été insuffisante, les aptitudes ne correspondent pas aux exigences, etc.

Chaque réponse peut elle-même être la source de nouvelles questions. De ce dialogue éducateur/éduqué sur l'échec ne doit sortir que du positif, c'est-à-dire des décisions pour l'avenir qui permettront à l'éduqué de poursuivre sa conquête de lui-même de façon réaliste, pas dans le rêve mais dans le respect des faits.

Reste que, dans ce domaine comme dans tous les autres, chaque enfant est un cas singulier. Certains ont tendance à se surestimer, d'autres à se sous-estimer, et le rôle de l'éducateur est précisément d'apprendre à l'éduqué à se regarder objectivement, en s'aimant, mais sans complaisance.

L'acquisition de la confiance en soi est un cheminement que font ensemble l'éducateur et l'éduqué. Il est donc navrant de voir des parents ou des enseignants être incapables d'encourager, de féliciter, de valoriser les acquis de ceux dont ils ont la charge. Certains donnent l'impression, en rabaissant l'enfant ou le jeune, de vouloir garder le pouvoir. Peut-être confondent-ils pouvoir et autorité, cette précieuse autorité qui consiste au contraire à faire grandir l'autre : et tant mieux si, un jour, l'éduqué dépasse l'éducateur, le disciple dépasse le maître.

Pour conclure

La confiance en soi est capitale.

À l'adolescence, le manque de confiance en soi se révèle souvent catastrophique : l'adolescent se croit obligé de copier des comportements dangereux, ne sait pas dire non. C'est donc dès le plus jeune âge qu'il faut insuffler cette confiance, à partir des premiers apprentissages ; prendre son biberon tout seul, mettre ses lacets, s'habiller, ranger sa chambre, dessiner, faire des châteaux de sable, etc.

C'est dès le plus jeune âge qu'il faut donner le goût de la conquête, apprendre l'exigence, mais en même temps accepter l'enfant tel qu'il est, avec son potentiel mais aussi ses limites, lui apprendre à s'évaluer mais pas à se comparer, lui apprendre à s'aimer mais pas à s'idolâtrer, à s'accepter mais pas à se laisser aller.

L'important n'est pas de réussir *dans* la vie, ce qui amène à se comparer, mais à réussir *sa* vie, ce qui oblige à se connaître, à s'évaluer et à se conquérir. La confiance en soi est à ce prix.

2

DEUXIÈME FONDAMENTAL

Former l'éduqué à la maîtrise de l'angoisse

Le stress, une réalité sociale actuelle

L'angoisse non maîtrisée, le stress, voilà bien un mal de notre temps. La France, après les États-Unis qui ont montré le chemin, est devenue le pays où la consommation par habitant de calmants, d'euphorisants, d'anxiolytiques divers est la plus forte.

Dès les années 1960, le médecin américain Alexandre Scheneiders avait signalé l'augmentation de troubles du comportement chez ses patients (*L'Anarchie des sentiments*, éditions Centurion) et il montrait que chez de plus en plus de ses compatriotes, les émotions n'étaient plus canalisées et submergeaient la personne.

Il en rejetait en partie la responsabilité sur un certain discours scientiste, ultra-rationaliste, prétendant que les progrès de la science et de la technologie allaient permettre l'édification d'un véritable paradis terrestre, un monde à risque zéro. Or, comme accidents et catastrophes continuaient de plus belle, la confiance en l'âge d'or avait disparu, si bien que nombre de personnes refusaient toute argumentation rationnelle, perçue comme une manipulation, un attrape-nigaud ou un mensonge délibéré. D'un rationalisme outrancier, on retombait dans une perception sentimentale, émotionnelle des événements.

Incontestablement, le progrès scientifique et technique de notre époque, comme celui des époques précédentes, apporte à la fois des réussites, qui facilitent la vie, et de nouveaux inconvénients, dangers potentiels, dysfonctionnements à maîtriser. Il n'y a pas que le nucléaire qui soit en cause. J'ai vu dans l'industrie chimique et pétrolière les capacités de production journalière multipliées par dix, vingt ou trente en quelques années, et les consommateurs ont profité de ces fameuses économies d'échelle ; mais les accidents, quand ils se produisent, font plus de dégâts et souvent plus de victimes. Encore que nous devions nous souvenir du nombre de morts que faisait un coup de grisou dans une mine de charbon il n'y a pas si longtemps. La rationalité humaine est respectable, à condition qu'elle ne devienne pas prétention à vouloir tout maîtriser.

La vérité, c'est que la vie, c'est le risque

La vie, c'est le risque. La seule chose dont on soit sûr en vivant, c'est que l'on mourra. On ne sait pas quand, mais cela peut venir très vite. L'être humain sait justement que cette échéance existe. À son instinct vital se superpose la conscience, plus ou moins diffuse, qu'il est destiné à la mort. Nous reviendrons sur cet aspect dans notre réflexion sur le sens de la vie. Pour le moment, nous pouvons déjà comprendre pourquoi il y a chez l'homme un fond d'anxiété à prendre en compte.

Sans nous étendre pour l'heure sur ce problème de la mort, il reste que l'avenir est incertain, avec tout ce que cela comporte de risques. Mais risque et danger ne sont pas synonymes, encore moins risque et catastrophe. En japonais, *risque* s'écrit en superposant deux idéogrammes dont l'un signifie « opportunité, chance », *et* l'autre, « danger ». Voilà qui paraît judicieux, car **l'avenir, c'est le risque, mais l'avenir nous offre des opportunités tout en recelant des dangers potentiels.** Nous allons revenir sur cette notion de danger potentiel, c'est-à-dire non certain... comme l'avenir !

Si la vie, c'est le risque, l'éducation doit préparer à la prise de risque

L'acquisition de compétences réelles liées à ses goûts, ses aptitudes, son travail, fait disparaître peu à peu tout sentiment de dévalorisation et génère la confiance en soi.

Cette confiance en soi n'empêche pas que l'avenir soit incertain et qu'il faille aborder des situations imprévues, voire faire face à des dangers réels. En plus de la lutte contre le sentiment de dévalorisation, l'éducation devra mener le combat contre un sentiment non maîtrisé d'angoisse, un stress paralysant. Les artistes, souvent pourvus d'une riche émotivité, connaissent bien ce problème puisqu'ils peuvent avoir avant le lever de rideau un trac fou, comme Jacques Brel à qui il arrivait d'être pris de vomissements, et qui, à peine sur scène, réalisait un spectacle magnifique en donnant l'impression de n'avoir jamais paniqué.

L'enfant n'en est pas là. C'est plus tard qu'il aura à affronter le passage d'un examen, un entretien d'embauche, la décision du mariage, celle d'avoir des enfants, un déménagement, un licenciement. Aujourd'hui, c'est un changement de classe, l'arrivée dans une nouvelle école, le déménagement de son ou sa meilleur(e) ami(e), un changement de méthode de travail, les débuts dans un sport.

Et puis, ne mésestimons pas le climat général d'inquiétude qui imprègne notre société occidentale moderne et qui est le fonds de commerce de nos médias audiovisuels.

Pour bien cerner ce climat, je repense à une grande enquête parue dans le journal *La Croix* sur la génération des 18-35 ans*. On demande aux intéressés comment ils ressentent leur vie. Ils la trouvent agitée, fatigante, parce qu'ils sont sollicités de toutes parts sans bien savoir où aller et pour quelle raison. Mais leur sentiment dominant semble être la peur. Leur réponse, si on leur demande de préciser, c'est : la peur de la maladie, de l'accident, du chômage, mais plus encore la peur de la solitude ! Entre 18 et 35 ans, craindre la solitude ! Aux gens de ma génération, cela semble ahurissant.

Nous reviendrons sur cette peur de la solitude dans notre réflexion sur le sens de la vie, mais nous pouvons déjà retenir que cette génération a peur, tout en étant très agitée, apparemment très affairée.

Par mes petits-enfants et par les enfants qui se situent autour de 10 ans, je sais qu'une angoisse pro-

* Enquête publiée le 8 février 2002.

fonde étreint nombre de leurs ami(e)s du même âge : est-ce que mes parents vont rester ensemble ?

La généralisation de la rupture des couples n'a rien de banal pour les enfants. Je me souviens d'une époque où j'étais souvent sollicité pour animer une journée de réflexion chez des adultes du monde de l'entreprise, en général le samedi. La plupart du temps, je partais en avion le vendredi soir et il m'arrivait de revenir le dimanche en fin d'après-midi. Je pénétrais dans l'avion avec la petite troupe des enfants de couples divorcés, qui allaient passer le week-end avec l'un des parents. Assis juste derrière eux ou même à côté, je constatais que le premier sujet de conversation entre eux concernait la séparation de leurs parents, ses circonstances et ses conséquences. C'était poignant.

À l'École de chimie de Lyon, où les élèves entraient vers l'âge de 20 ans, je pouvais mesurer la permanence des blessures causées par la séparation des parents. Étonnez-vous qu'il y ait une telle peur du mariage (comme si c'était l'institution qui était en cause) et que des animateurs bien intentionnés proposent à des célibataires des stages sur le thème « oser le mariage » !

Peur de la solitude, peur du mariage, peur du chômage, mais aussi peur de l'entrée dans le monde du travail pour les éternels étudiants, peur de la mondialisation, peur de l'étranger, peur de la pollution et même peur de la vie, tout simplement. Or la peur est mauvaise conseillère, elle peut conduire certains à la déprime et au suicide, d'autres à la violence et, paradoxalement, pour l'exorciser, à prendre des risques extrêmes en voiture, en moto, en montagne...

Le docteur A.A. Scheneiders, déjà cité, a sans doute raison quand il affirme qu'un culte idolâtre de la raison a conduit, par réaction, à une fuite, à une démission de la raison, c'est-à-dire à un comportement sous-humain. Pensez à tous ceux qui, lorsque vous essayez d'argumenter, vous rétorquent : « Vous avez peut-être raison, mais moi, je ne le sens pas comme cela. » Comme dit la pub : « Suivez vos émotions. »

Il reste donc à espérer que les éducateurs et plus particulièrement les parents se soient déjà prémunis, vaccinés, soignés, face à ce mal du siècle. Car, nous l'avons vu, l'éducation est un cheminement où l'éducateur et l'éduqué sont associés, et on ne peut jamais dire en éducation, ou laisser percevoir, qu'« il faut faire ce que je dis et pas ce que je fais ». On peut traiter ce problème de l'angoisse comme un problème d'import-export.

L'éducateur importe de l'angoisse et exporte de la sérénité : à lui de se constituer son stock de sérénité et d'apprendre à traiter l'angoisse de l'éduqué, pour que, progressivement, celui-ci en devienne lui-même le maître.

Et toujours cette certitude qu'il faut garder présente à l'esprit quand on éduque : « Je travaille à ma propre disparition. »

Ne pas balayer les angoisses, mais les faire émerger

Raconter ses malheurs, avouer ses angoisses, voire cracher sa colère, nous l'avons tous expérimenté, cela fait du bien parce que cela décharge nos accumulateurs d'émotions. **Quand on sent un enfant angoissé, il faut le faire parler pour qu'il exprime ses peurs, ses soucis, ses tracas.** Et cela demande beaucoup d'amour et de patience, il faut se garder de lui donner tout de suite des réponses ou des solutions. Il faut lui poser des questions, qui vont avoir plusieurs objectifs et plusieurs effets :

— des questions destinées à permettre de vider l'abcès ;

— des questions permettant de mieux comprendre ce qui est à la racine de l'angoisse ;

— des questions qui confirment à l'enfant qu'on prend ce qu'il dit au sérieux.

Le questionnement en lui-même, si l'on en croit les vulgarisateurs des travaux du prix Nobel de médecine Roger W. Sperry sur le cerveau, nous oblige à utiliser davantage notre cerveau gauche, celui du raisonnement logique, de la rationnalité, celui du langage structuré, celui qui est plus lent, plus analytique... et mieux protégé des émotions [1].

L'enfant va être obligé de reformuler, de trier, de se calmer, de préciser, au lieu de se bloquer. Il est évident que cet effet sera obtenu par un éducateur

1. Les deux lobes frontaux du cortex, communiquant par le corps calleux, n'ont pas le même rôle dans le fonctionnement de notre mécanique intellectuelle. Le droit prend en compte globalement un sujet ou une forme, induit par analogie, va au but intuitivement et reste très tributaire de nos émotions. Le gauche peut prendre le relais et valider ou non les intuitions du droit en analysant ou, si nous lui en donnons l'ordre, prendre en compte l'analyse du problème avant de renvoyer au droit ce qu'il a déduit de son travail pour que celui-ci fasse la synthèse. Les deux parties sont faites pour *échanger* en permanence, ce qui permet à notre intelligence d'utiliser intuition, analogie, logique, analyse, synthèse, de comparer avec ce qui est en stock dans nos mémoires, de façon infiniment plus complexe que nos ordinateurs ne peuvent le faire.

manifestant à la fois son intérêt et sa compassion mais aussi par son attitude, montrant qu'il domine lui-même ses émotions et ses sentiments et qu'il veut comprendre ce qui est vraiment la source de l'angoisse de l'enfant.

Ce sentiment d'angoisse, chez l'enfant, est réel et, en ce sens, objectif. Mais sa raison d'être peut, elle, être un mélange de réel et d'imaginaire et, en ce sens, avoir un caractère au moins partiellement subjectif. Autrement dit, le sentiment d'angoisse peut avoir été provoqué par un danger réel ou par un danger imaginaire. Mais si nous ne laissons pas – bien plus : si nous ne faisons pas – s'exprimer l'angoisse, nous n'avons aucune chance de faire le tri entre danger réel et danger imaginaire. L'angoisse va perdurer, peut-être même s'amplifier.

A contrario, si nous sommes incapables de prendre nous-mêmes du recul par rapport à nos propres émotions (déclenchées par l'angoisse de l'enfant), nous risquons soit de nous mettre en colère, soit de gémir avec lui, ce qui est pédagogiquement catastrophique. Il ne faut donc pas traiter les angoisses des enfants à la légère, les balayer d'un revers de main, ou au contraire les laisser nous gagner. Sont nécessaires : accueil positif, attitude rassurante, écoute attentive, questionnement, identification des causes, tri entre le réel et l'imaginaire.

La vie est le risque et toute situation peut receler des dangers réels. Seuls les insensés ne prennent pas au sérieux les dangers réels.

Dans le monde de l'industrie chimique, j'en disais tout autant de notre métier, non pour en détourner la jeunesse, car c'est un métier que j'ai passionnément aimé, mais pour montrer qu'il y a une nécessité vitale à penser et agir en intégrant de façon permanente la sécurité, car, pour simplifier, « cela pète, cela brûle, cela corrode, cela intoxique » si l'on ne prend pas les précautions requises. Il ne faut pas avoir peur, cela fait perdre la lucidité, mais il faut être prudent, c'est-à-dire bien peser les risques et se prémunir contre les dangers. Eh bien, c'est à l'image de la vie !

Ne pas prendre de risques, c'est mourir par immobilisme et sclérose, paniquer devant les risques, c'est perdre sa lucidité et quelquefois sa vigilance vis-à-vis des vrais dangers. Il faut apprendre à utiliser ses angoisses comme un signal, dont la cause parfois est inconnue, à calmer ses angoisses en analysant l'ensemble de la situation, trier, valider, traiter les problèmes relatifs aux dangers réels pour en minimiser les effets.

Notez au passage que cette éducation à faire est un cheminement qui rapproche l'éducateur de l'éduqué – qui contribue d'ailleurs à parfaire l'éducation de l'éducateur – et qui, par son caractère participatif, rassure l'éduqué en même temps qu'il le fait grandir.

Il est clair que l'éducateur joue sur plusieurs registres. Il commence par utiliser son affectivité pour montrer à l'enfant qu'il est sensible à son désarroi mais, à un moment, il commence à changer de registre, précisément en questionnant : on passe alors à la rationalité. Quand l'intelligence aura opéré un discernement et que l'enfant l'aura assimilé, on pourra rechercher les solutions : à ce moment, rationalité et créativité seront associées. Quand les solutions seront trouvées, il faudra les mettre en œuvre, en utilisant la volonté.

Comme on le voit, on ne peut faire fi de la réalité de la nature humaine, mais celle-ci a toujours besoin d'être maintenue ou remise « en ordre ».

Dans *L'Enracinement*, Simone Weil dit que **le premier besoin de l'âme humaine, c'est celui de l'ordre.** La personne elle-même a besoin d'être « en ordre ». Les émotions fusent, il faut les canaliser. Elles évoluent en sentiments qui nous affectent moins brutalement mais plus durablement. **C'est grâce à l'intelligence conjuguée à la volonté que l'on va éviter l'anarchie des sentiments,** décrite par le docteur A.A. Scheneiders, **pour discerner et agir.**

Quand on en est arrivé à ce stade, l'angoisse est déjà relativement maîtrisée ; il ne reste plus que la partie positive, stimulante, celle qui fait que l'artiste, mort de trac quelques minutes avant le lever de rideau, se réapproprie cette inquiétude pour se surpasser et remporter un triomphe. C'est dans cet esprit qu'il faut apprendre à vivre sa vie.

Maîtrise de l'anxiété et prise de confiance en soi

À ce niveau de réflexion, il est utile de commencer à montrer que les neuf touches – les neuf fondamentaux – du clavier éducatif sont interdépendantes. La lutte contre le sentiment de dévalorisation, avec tout ce que nous avons recensé précédemment comme travail d'éducation, connaissance de soi, prise de conscience de ses potentiels, développement des points forts et acquisition de compétences, tout cela œuvre en même temps pour la maîtrise de l'anxiété, même si le point de départ n'est pas l'angoisse du sujet.

Plus l'éduqué a confiance en lui, plus il trouvera de raisons et de moyens pour faire face aux dangers réels et moins il risquera de se laisser aller à une angoisse non analysée. Pour la bonne raison qu'il a déjà dû s'analyser lui-même pour se connaître, pour appréhender ce qui est de l'ordre des goûts, des aptitudes, des conditionnements divers, il aura déjà appris à distinguer le réel de l'imaginaire.

À chaque touche, nous retrouverons cette nécessité pour l'éducateur d'apprendre à l'éduqué ce qu'est la nature humaine, pour comprendre le « mode d'emploi de l'être humain » et en expérimenter l'usage, en acceptant d'être guidé par la prudence d'un éducateur.

De même, dans « Socialisation de la personne », nous verrons qu'elle est l'occasion de renforcer l'action, nécessitée par les trois volets du « Développement de la personnalité ». Même constat pour le « Sens de la vie ». Cela pour rappeler que dans la conduite de l'action éducative concrète, on joue harmonieusement de plusieurs touches en même temps !

Application immédiate au problème de l'angoisse, sans entrer dans le détail. Lorsqu'une angoisse accueillie et dûment analysée révèle sa cause réelle, l'enfant risque d'avoir à faire face à une situation où il n'a pas les compétences pour la maîtriser. Or une compétence, cela s'acquiert. Oui, mais avec du travail, plus ou moins de temps et de difficultés, selon les goûts et les aptitudes.

La reconnaissance d'une incompétence est un acte d'humilité : il est utile d'apprendre à l'éduqué qu'il n'est pas humiliant de faire preuve d'humilité. Trop de gens confondent humilité acceptée et reconnue avec humiliation subie et révoltante.

Maîtrise de l'anxiété : un problème à prendre en compte dès le plus jeune âge

Ce lien que nous venons de faire entre confiance, compétence et maîtrise de l'anxiété peut nous conduire à l'idée qu'il y a des compétences qu'il est plus facile d'acquérir jeune parce que l'enjeu ne constitue pas en lui-même un facteur d'angoisse ou parce que l'apprentissage en lui-même n'apparaît pas comme dangereux. Nous allons prendre plusieurs exemples.

Essayez d'apprendre à faire du ski à un adulte qui n'a aucune habitude ni de la montagne, ni de la neige, ni d'un sport d'équilibre analogue (planche à roulettes, ski nautique, etc.). Vous constaterez que, dans la plupart des cas, cela n'est pas facile. Faites la même expérience avec des petits bonshommes de 3 ou 4 ans et vous verrez la vitesse à laquelle ils vont progresser.

Eh bien, il y a des situations qui sont « potentiellement angoissantes » pour celui qui peut percevoir le danger et qui ne le sont pas quand on est trop jeune pour en avoir conscience. Faites faire très tôt du théâtre à un gamin et vous aurez un adolescent beaucoup moins anxieux à la veille d'un oral et, plus tard, un adulte capable de prendre la parole en public.

Un enfant qui a pratiqué la compétition sportive tôt sait qu'il faut s'entraîner régulièrement mais « couper » avant la compétition pour garder influx et lucidité. Ce sera facile de le convaincre qu'on se prépare à un concours ou à un examen de la même manière qu'à une compétition sportive.

J'ai personnellement appris à parler en public entre 8 et 11 ans et fait de la compétition sportive jusqu'à plus de 60 ans, et je peux attester que c'est ce qui m'a permis de faire de mon émotivité naturelle un atout et non un handicap.

Au tennis, on sait que l'enjeu peut paralyser : la peur de gagner qui crispe sur les points décisifs ressemble à s'y méprendre à... la peur de perdre. Plus tôt on s'éduque à penser à son jeu et non pas à l'enjeu, plus on maîtrise cette anxiété inutile. Mais s'il est plus facile d'apprendre cela jeune, on peut encore l'apprendre tardivement.

Ne jamais dramatiser inutilement les événements

Cette idée de remplacer enjeu par jeu n'est-elle pas une analogie abusive quand il s'agit non pas du sport mais de la vie ? On dit bien, dans la sagesse populaire, que « comparaison n'est pas raison ». C'est vrai qu'entre les enjeux de la vie et ceux d'une compétition sportive d'amateur, c'est-à-dire d'un divertissement, il y a un fossé. Mais cette analogie doit quand même nous faire réfléchir. Ne grossissons-nous pas abusivement les dangers de l'avenir, qu'au demeurant nous imaginons, puisqu'ils ne sont pas effectifs dans notre présent ?

J'écoutais récemment une cassette d'un psychosociologue : d'après lui, 93 % des événements appréhendés par les « inquiets » ne se produisent jamais. Je ne sais si l'on peut vraiment faire de statistiques sur ce type de sujet et je ne m'attarderai pas sur le chiffre. Mais n'est-il pas vrai qu'on se fait souvent un sang d'encre parce que quelqu'un est en retard, ou n'a pas donné de nouvelles, ou passe un examen médical ? Le plus souvent d'ailleurs pour une chose sur laquelle on n'a pas ou plus la moindre prise ? Tout cela n'est pas dit pour encourager ceux qui nous sont chers à arriver en retard sans donner de nouvelles, mais pour montrer que **nos inquiétudes relèvent le plus souvent de l'imaginaire.**

En outre, quand il y a des dangers possibles, est-ce pour autant que le pire va arriver ? Non, le pire n'est jamais certain, et le désespoir est une sottise, puisqu'il ne conduit pas à analyser le danger pour mieux le prévenir ou le limiter.

Conclusion évidente : un bon éducateur doit donner l'exemple à l'éduqué en ne dramatisant jamais, en ne cédant jamais ni à la panique ni au désespoir. Dans ce domaine, certains parents ont un effort à faire. Il m'est arrivé de voir des enfants prendre une situation avec infiniment plus de calme que leurs géniteurs, et cela peut être franchement comique de voir un enfant rassurer ses parents[1].

---

1. Dans un ordre d'idées analogue, un jour où j'avais fait une conférence sur l'adolescence, la manière de bien la gérer et d'en sortir adulte, et ce devant de grandes adolescentes, l'une d'elles, très sérieuse, très réfléchie, m'a posé la question suivante : « Pouvez-vous me donner quelques conseils pour aider ma chère maman à sortir de l'adolescence ? »

Pour conclure

L'angoisse fait partie de la nature humaine, en raison de notre mémoire, de notre patrimoine humain, de la certitude que nous avons d'être un jour confrontés à la mort. Cette angoisse est un signal, potentiellement un grand moteur d'action mais, non maîtrisée, elle peut paralyser ou conduire à des comportements aberrants.

L'angoisse doit être analysée pour être maîtrisée, et l'éducation a cette mission à accomplir.

L'angoisse est relative au sujet éduqué, elle est donc subjective mais, pour l'éduqué, ce ressenti est une réalité ; il vit *objectivement* une angoisse par elle-même subjective.

Reste à savoir et donc à analyser s'il y a ou s'il n'y a pas des causes objectives à cette angoisse, c'est-à-dire un danger potentiel réel à prendre en compte. *Prendre en compte* est d'abord un travail de discernement, puis une recherche de solutions, enfin le déclenchement d'actions. L'angoisse n'a pas forcément disparu, mais elle n'est plus qu'un élément à côté d'autres qui ont fait dériver le sujet vers l'action et la réflexion, mobilisé l'intelligence et la volonté. On a remis la personne humaine « en ordre », debout, en état de faire face à l'avenir... qui reste pourtant toujours incertain. On l'a préparée à la vie d'adulte, qui exige cette maturation affective.

TROISIÈME FONDAMENTAL

Apprendre à l'éduqué l'usage de l'autonomie

3

Un ami chef d'entreprise m'a raconté l'histoire suivante.

Depuis quelques mois, il suivait un cycle de formation et peu à peu, me dit-il, il avait pris conscience qu'il ne déléguait pas assez, qu'il monopolisait toutes les décisions, même de petite importance, bref, qu'il était un abominable centralisateur. Pris d'un beau zèle, il décide de changer et, un lundi matin, ayant l'occasion d'aller dans son atelier de fabrication, il réunit les ouvriers et leur déclare tout de go que, désormais, tout va changer : ils vont avoir de vraies responsabilités, ils ne seront plus traités comme des exécutants mais comme des partenaires, etc. Son discours enthousiaste n'est pas, semble-t-il, accueilli avec la même ferveur que celle qu'il y met, mais il n'y prend pas garde. Le lendemain, grève de tout l'atelier, ce qui n'était jamais arrivé dans cette paisible PME depuis sa création ! Surprise de mon ami. Pourtant, rien de bien étonnant à cela. Bons exécutants, habitués à voir toutes les responsabilités prises au-dessus d'eux, les ouvriers avaient littéralement paniqué. Il fallait les habituer progressivement à une prise d'autonomie, leur expliquer qu'un chef qui délègue reste responsable, qu'il délègue en fait des pouvoirs pour prendre des décisions, de façon que celles-ci soient plus rapides et plus près du terrain.

Quand les personnes à qui on a délégué des pouvoirs dans une zone d'autonomie bien délimitée s'y sont habituées, elles découvrent elles-mêmes de l'intérieur la responsabilité de leur chef, elles ont acquis une part de responsabilité. **La responsabilité vient à son heure pour quelqu'un qui est d'abord devenu autonome.**

Application à l'éducation

Si l'éducation se préoccupe du développement de la personnalité de l'enfant, c'est pour qu'il puisse un jour assumer des responsabilités familiales, civiques, associatives, professionnelles, bref, qu'il devienne adulte à part entière, susceptible de répondre de ses actes. Du bébé totalement dépendant à cet adulte responsable, il y a évidemment une grande distance à franchir. Et ce cheminement à bâtir, c'est entre autres celui d'un apprentissage progressif de l'autonomie.

Comme nous l'avons dit, apprendre à boire son biberon tout seul ou mettre, plus tard, ses habits sans l'aide de quelqu'un, c'est une première autonomie, même s'il ne s'agit que de l'exécution d'une tâche. **Il y a une gradualité de l'autonomie, qui commence effectivement par l'exécution de tâches très simples.**

C'est pourquoi, dès l'âge du berceau, on donne des jouets au bébé ou on suspend des mobiles au-dessus de lui, pour qu'il commence à utiliser ses sens, à maîtriser sa motricité, à apprécier les distances, etc. Et c'est d'ailleurs merveilleux de le voir faire des efforts, qui ne sont pas que physiques. Le cerveau est bigrement concerné, les échanges lobe droit/lobe gauche ont déjà largement commencé, la mémoire stocke des informations, les apprentissages, programmés ou non, se multiplient. Le petit enfant est une véritable éponge qui assimile très vite des centaines et des milliers d'informations. Le processus d'autonomie est engagé, que les parents en aient conscience ou non, qu'ils le favorisent ou non.

Cela dit, plus on favorise ces apprentissages multiples, plus l'enfant s'éveille. Il n'est donc pas inutile de prolonger l'observation des enfants, pour bien repérer la complexification croissante des apprentissages, qui permet le développement harmonieux de l'autonomie.

Les degrés croissants de l'autonomie

Le petit de l'homme apprend beaucoup moins vite que le petit de l'animal à devenir autonome, mais sa croissance dans l'autonomie sera sans commune mesure.

L'animal est programmé par son instinct pour survivre, s'il atteint l'âge adulte, pour se reproduire, puis pour disparaître. L'animal ne travaille pas, a des besoins qui ne changent pas, a des capacités d'adaptation très limitées à des changements d'environnement (c'est pourquoi des espèces disparaissent sans cesse).

L'homme, lui, s'adapte à des conditions de vie allant de celles de l'Esquimau à celles de nomades

3

du désert, avec des températures de l'ordre de – 40 °C ou de + 50 °C selon les cas, fait face à toutes sortes de catastrophes naturelles et, pour cela, invente, crée, fabrique, perfectionne, creuse, étaie, soude, colle, cimente... Son cerveau pèse, au moment de sa naissance, le cinquième de ce qu'il pèsera à l'état adulte, et va générer en son sein des milliards de connexions entre ses cellules nerveuses.

Le cerveau n'est pas le siège de l'esprit humain, mais il est le noyau dur dans lequel s'inscrit notre pensée, sauf accident ou maladie grave qui en diminue les capacités. L'apprentissage des tâches simples s'inscrit dans les possibilités du moment et contribue à les faire croître. Ce qui va permettre l'apprentissage de tâches plus complexes, qui perfectionneront à leur tour la mécanique cérébrale, et ainsi de suite.

Plus grandit la complexité des tâches, plus va apparaître un aspect de coordination, de même que plus une tâche est d'exécution difficile, plus des notions d'adresse, de coup d'œil apparaissent. Il n'est pas niable que l'on peut constater des aptitudes « naturelles » différentes, des vitesses d'acquisition de la nouveauté inégales. C'est vrai dans une même famille, où les enfants d'un même père et d'une même mère révèlent des dons et des goûts différents, des vitesses d'acquisition inégales. Mais on constate aussi que la volonté de parvenir à un but joue un rôle également important. Tout cela simplement pour confirmer que **l'éducation est nécessaire, mais qu'elle reste tributaire à la fois du conditionnement de l'éduqué et de son « esprit libre ».**

Revenons donc à la progression de l'autonomie. On voit bien qu'il y a des tâches simples et faciles à exécuter, des tâches simples mais plus difficiles à exécuter (par exemple, mettre une clef dans une serrure, nouer des lacets, boutonner une chemise), des tâches complexes associant plusieurs tâches simples mais ne nécessitant pas de choix (habiller sa poupée avec des vêtements imposés), des tâches complexes nécessitant des choix (habiller la même poupée à partir d'un stock de vêtements), etc.

Vous remarquerez que nous n'avons pas encore parlé du facteur temps, qui peut être libre ou totalement géré par l'adulte. On voit donc que **l'autonomie grandit si l'enfant devient en tout ou en partie chargé de gérer son temps.** L'autonomie peut donc toujours grandir sans pour autant que l'enfant fasse ce qu'il veut. Mais cet enfant a à faire des choix, à s'organiser pour faire d'abord ceci ou cela ; s'il a à tenir un délai ou un niveau de performance et de qualité, il est clair qu'il aura dû « s'entraîner » progressivement à gérer cette complexité. Et, bien sûr, on n'a toujours pas parlé de responsabilité ! Cela dit, l'adulte qui chemine avec l'enfant l'aura fait passer peu à peu de la tâche simple à la mission complexe. Et l'on peut encore remarquer que cette mission peut être surveillée comme le lait sur le feu ou de loin en loin.

Nous découvrons ainsi tous les ingrédients progressifs de l'autonomie de quelqu'un qui n'est pas encore un adulte volant de ses propres ailes, c'est-à-dire qui n'a pas encore, du moins dans certains domaines, la capacité, le droit, de se donner à lui-même des missions[1].

1. On n'est jamais totalement indépendant. Même si l'on aspire, ce qui est légitime, à avoir une grande maîtrise de son destin, cela reste toujours limité.

L'enfant, en avançant dans sa maturité, devient en revanche de plus en plus apte à recevoir des missions où son autonomie est large ; dans son auto-organisation, dans la gestion de son temps dans les limites qui lui ont été fixées, dans le fait qu'il n'est plus contrôlé en temps réel mais *a posteriori.*

L'autonomie n'est pas de faire ce qu'on veut mais ce qu'on doit, comme on veut, dans des limites fixées.

Nous allons examiner maintenant comment on aide l'enfant à saisir ce qu'est l'autonomie, à s'y lancer sans peur mais sans excès.

Découverte de l'autonomie et progression dans l'autonomie

L'introduction d'une maîtrise par l'intéressé du facteur temps va l'obliger à s'organiser pour tenir des délais, mais constitue un saut dans l'inconnu qui, selon les tempéraments, excite positivement les uns et effraie les autres.

De même, l'absence de contrôle permanent, le passage à un contrôle *a posteriori,* libère les indépendants, les audacieux, mais peut paralyser les timorés et les plus dépendants.

Le passage de l'école primaire au collège va tout à fait dans ce sens d'un changement assez radical pour l'enfant. Les matières scolaires sont plus nombreuses, délivrées par des enseignants différents, le contrôle est moins permanent, l'auto-organisation devient nécessaire et, faute de progressivité dans le changement, certains enfants coulent à pic malgré leur volonté de travail. Certains profitent de ce changement pour donner libre cours à leur goût pour le farniente.

Dans les faits, on est passé de tâches données par les maîtres, avec contrôle en temps réel ou dans un délai très court, à une mission, obligeant à programmer dans la durée (par exemple, la semaine) des tâches diverses, qui seront contrôlées la semaine suivante.

Nous constatons souvent que l'éducateur-enseignant, même en primaire, n'a peut-être pas suffisamment :

— expliqué la mission dans son ensemble ;

— expliqué suffisamment clairement[1] sur quoi l'enfant sera évalué ;

— précisé quand le contrôle aura lieu ;

— donné un ordre de grandeur du temps nécessaire pour exécuter chaque volet de la mission, etc.

Nous constatons dans ce cheminement de l'éduqué vers l'autonomie qu'il s'agit une fois de plus d'un cheminement associant éducateur et éduqué. En fait, **donner de l'autonomie à quelqu'un exige d'abord, de la part de celui qui en donne, une méthode rigoureuse.** Souvent, celui-ci accuse l'enfant de manquer de méthode dans l'organisation de son travail, ce qui est objectivement incontestable, mais il passe sous silence le fait que lui-même a été désordonné dans sa manière de donner la mission et que ses objectifs ont peut-être été imprécis ; les informations étaient insuffisantes, le temps nécessaire n'était pas évalué.

1. Clairement : si le « donneur d'ordres » ne fait pas reformuler par celui qui va avoir à remplir la mission le contenu de celle-ci, peut-il être certain d'avoir été compris ?

Même constat pour le monde de l'entreprise ; dans mon livre sur le management des hommes dans l'entreprise[1], j'ai consacré un chapitre entier à la délégation, acte de commandement exigeant une grande rigueur méthodologique et donnant des résultats extraordinaires à la fois en efficacité et en qualité de vie au travail, et ce tant pour les chefs que pour les subordonnés.

Mais déléguer se fait progressivement, avec une grande qualité de communication, beaucoup de patience et de *courage,* car il faut « couvrir » ses subordonnés. On délègue des pouvoirs parce qu'on a de l'autorité, et on continue d'assumer la responsabilité dans son ensemble. C'est pourquoi ce sont ceux qui ont le plus d'autorité vraie (pas les autoritaires, qui cachent souvent sous le masque de l'autoritarisme leurs grandes faiblesses) qui sont le plus aptes à créer pour leurs subordonnés de larges zones d'autonomie. Leur difficulté est alors d'avoir parfois comme subordonnés des personnes qui, depuis leur enfance, n'ont jamais été dotées de la moindre autonomie, ont été encore moins formées à la recevoir, et risquent de paniquer à la seule idée de ne plus être confinées dans le rôle de simple exécutant.

Dès que j'ai commencé à analyser, à la fin des années 1970, ce que j'appelais le « nouvel état économique », que beaucoup, à tort, baptisaient « crise » (ce qui veut dire situation aiguë et passagère, pouvant évoluer vers le retour au calme ou vers... la catastrophe), j'ai montré que l'autonomie ferait par-

---

1. *Les Hommes, acteurs dans la stratégie de l'entreprise,* Liaisons, Paris, 1990, rééd. 1993.

tie des exigences en hausse dans l'avenir. On y est bien installé, dans cet état économique des pays développés ! Et, comme l'éducation à l'autonomie n'a pas été faite, le chômage dans notre pays est loin d'être résorbé. En matière d'éducation scolaire, plus les programmes seront encyclopédiques, plus les horaires seront chargés, plus les élèves seront gavés, plus on les rendra passifs, et moins l'école répondra aux besoins réels de la société civile. Il existe des liens étroits entre éducation et pédagogie.

Les limites de l'autonomie, une application de la vertu de prudence

Le passage d'une autonomie d'exécution des tâches à une véritable autonomie de réalisation d'une mission risque tout autant de ravir les audacieux que de paniquer les craintifs. C'est pour tenir compte de ces deux risques opposés que le passage à l'autonomie implique une réflexion sur ses limites.

Trop d'autonomie peut mettre en danger celui qui la reçoit... mais aussi celui qui la concède.

Aurait-on l'idée de faire, du jour au lendemain, circuler à bicyclette dans une ville un enfant dont les capacités cyclistes sont récentes et ont été acquises sur une piste d'aviation désaffectée où la circulation automobile est nulle ?

Aurait-on l'idée de donner sa carte de crédit, avec le code, à un panier percé, sans fixer de limites strictes à la dépense ?

Ces deux petits exemples montrent bien le danger que fait courir une autonomie mal encadrée, soit à celui qui la reçoit, soit à celui qui la donne.

Il y a donc une prudence à respecter, qui ne consiste pas à priver d'autonomie mais à l'encadrer dans des limites. La progressivité nécessaire de l'autonomisation de l'éduqué laisse entendre que l'autonomie a des limites, que l'on fera reculer progressivement avec le temps.

Essayons donc d'identifier ces limites, qui sont de différentes natures en elles-mêmes, ainsi que les raisons pour lesquelles il faut les préciser.

Pour utiliser un langage simple, on peut dire que **l'autonomie sera limitée dans le temps et dans l'espace.**

— Dans le temps : comme l'autonomie prépare la personne à la responsabilité, celle-ci devra rendre des comptes, ce qui peut se traduire justement par *répondre* de ses actes. L'éduqué a reçu une mission, qu'en a-t-il fait ? Il faut bien fixer un délai, qui n'est pas forcément situé à la fin de la mission dûment accomplie, au terme duquel l'éducateur fait le point, « contrôle » l'état des choses, l'avancement de la mission, les résultats obtenus, etc. L'autonomie est donc réelle *entre* deux contrôles, ce qui donne une limite au temps d'autonomie.

— Dans l'espace : l'autonomie d'une mission, ne serait-ce que parce qu'on doit la décrire pour qu'elle soit comprise, n'est pas relative à toute la vie de l'éduqué mais à un domaine qui pourra concerner les loisirs, les achats, le travail scolaire, les repas, etc. Une autonomie tous azimuts est évidemment incontrôlable et dangereuse pour l'éducateur et pour l'éduqué. Demandez aux parents qui ont laissé l'indépendance à leurs adolescents ce qu'ils en pensent et voyez la détresse des adolescents que leurs dérapages non contrôlés ont détruits.

À l'intérieur de ces raisons générales, problèmes de contrôle et de danger, qui font que l'autonomie doit être limitée, il y a des raisons plus particulières. Identifions-en quelques-unes.

AUTONOMIE ET COMPÉTENCE

La mission est relative à un domaine et c'est également le cas de la compétence d'une personne. **Personne n'est compétent dans tous les domaines.** Il est clair que l'on peut laisser davantage d'autonomie dans la durée à quelqu'un qui a déjà acquis, dans un domaine donné, une solide compétence. Si votre enfant cuisine bien ou excelle en pâtisserie, vous pouvez lui confier la confection d'un repas ou d'un goûter.

Mais la compétence de l'éducateur est également à prendre en compte. Car celui-ci pourra facilement récupérer une erreur de celui qu'il a laissé se « dépatouiller » s'il est lui-même très fort. À condition, bien sûr, d'avoir empêché « l'irréparable ».

Notons qu'il existe des liens entre compétence et expérience, celle-ci renforçant celle-là. Donc, prudence si l'éduqué est débutant.

AUTONOMIE ET ORGANISATION

L'organisation d'une équipe de travail oblige à réfléchir aux frontières qui existent entre les missions de chacun, pour éviter que l'un ne marche sur les plates-bandes d'un autre, d'où l'importance de la coopération entre les personnes : on peut déjà noter que la vie commune oblige à limiter l'autonomie de chacun.

AUTONOMIE ET LOI

3

L'autonomie dans une mission ne saurait aller contre les lois, qui régissent et limitent notre action, par exemple pour des raisons d'hygiène, de sécurité, de respect des biens des personnes et des personnes elles-mêmes, d'où l'importance de la socialisation de l'individu.

AUTONOMIE ET MORALE

À un niveau encore supérieur, **il y a une loi morale naturelle qui crée des limites à l'autonomie,** mais qui, plus encore, inscrit le cheminement éducateur-éduqué dans le respect de cette loi morale.

Comment donner de l'autonomie à quelqu'un qui ment quand il rend compte ?

Comment accepter une mission « à risque » de la part d'un éducateur non fiable, qui lâche ceux qu'il devrait couvrir ?

En résumé, toute autonomie est limitée dans le temps (délai à fixer au bout duquel l'éduqué est contrôlé) et limitée dans l'espace (par la définition de la mission, laquelle tient compte des compétences, de l'expérience, de l'organisation de la communauté humaine, de la loi, de la morale, etc.).

La famille est le premier lieu de l'apprentissage de l'autonomie, l'école le deuxième, la vie associative le troisième... et il y a beaucoup d'autres domaines pour faire cet apprentissage.

L'autonomie, c'est à la fois un chemin vers la responsabilisation et l'occasion de découvrir ce qu'est un interdit. Nous n'avons pas encore prononcé le mot : il est temps maintenant de le faire.

Limites et interdits : comprendre la différence entre l'erreur et la faute

En effet, la limite n'est vraiment une limite que s'il est absolument interdit de la franchir. Si l'éduqué constate que le franchissement de la limite n'entraîne aucune conséquence, il va penser, selon son tempérament, soit qu'il a fait reculer l'éducateur, soit que cette limite n'avait qu'un caractère indicatif, soit il sera simplement désorienté et ne saura plus s'il faut prêter attention aux consignes. Dans tous les cas, c'est un désastre éducatif.

Donc **la notion de limite est liée indissolublement à la notion d'interdit,** elle signifie : « il est interdit de la franchir sous peine de sanction ». **L'autorité ne peut se passer du pouvoir de sanction,** le mot sanction étant pris dans ses deux acceptions :

— reconnaissance des mérites ;

— punition des fautes.

Nous nous préoccupons ici de la punition des fautes, **car la transgression d'un interdit est une faute.**

On voit donc l'enchaînement :

— la prudence implique une limite à l'autonomie ;

— la sécurité exige le respect de cette limite, *donc* il sera interdit de la franchir ;

— transgresser l'interdit est une faute et exige donc une sanction.

Cette logique rigoureuse a une conséquence paradoxale, c'est que l'existence de cette séquence limite-interdit-transgression-punition implique que, s'il n'y a pas eu de transgression d'interdit, de franchissement de limite, l'action engagée était licite.

Autrement dit, tout ce qui n'est pas expressément défendu est permis, même si le choix fait était une erreur.

L'interdit « libère » paradoxalement la créativité, l'initiative et donc le dynamisme, mais à condition que l'éducateur s'interdise à lui-même de sanctionner au sens négatif du terme, c'est-à-dire de réprimander ce qui n'a pas été la transgression d'un interdit.

Conclusion : **on ne gronde jamais pour une erreur, on punit toujours pour une faute.**

L'erreur est d'ailleurs source de progrès. L'éducateur, pédagogiquement, va montrer, à partir de l'erreur, ou faire découvrir à l'éduqué (qui parfois en a déjà fait le constat) comment et pourquoi il aurait pu faire mieux. Et cela restera. On apprend beaucoup par essai-erreur-correction.

Sans autonomie, on ne fait pas d'erreur mais on ne progresse pas, on reproduit.

Sans autonomie balisée par des limites, on court des dangers ou on n'ose pas avancer par peur du danger.

Sans interdit sanctionné, on perd tout repère et on avance dans le brouillard.

Finalement, dire ce qui est permis réduit l'usage du libre arbitre à peu de chose, alors que dire ce qui est interdit ouvre un champ immense à l'action. « Il est interdit d'interdire » est donc, d'ores et déjà, l'une des plus grandes stupidités qui aient été proférées et l'amorce d'un esclavage.

Constatons également que l'absence d'interdits est très « désécurisante ».

Étonnez-vous que la peur soit devenue le sentiment dominant de générations de jeunes, conséquence directe de la déviance soixante-huitarde.

Notons également que l'autonomie permet d'éprouver réellement sa valeur, de se montrer à soi-même que les compétences acquises sont bien opérationnelles, bref, de renforcer sa confiance en soi.

Résumons-nous : c'est dans le présent que nous avons besoin d'autonomie, pour agir, exister, cheminer vers la responsabilité. Mais, d'une part, nous sommes tributaires de notre passé, au cours duquel il nous a fallu tirer des leçons positives des échecs comme des succès, pour en sortir avec une solide confiance en nous, et, d'autre part, nous devons pouvoir envisager l'avenir sans appréhension, avec cette excitation positive que laisse une anxiété bien maîtrisée.

C'est ce cheminement que l'éducateur et l'éduqué font ensemble dans un respect et une exigence mutuels.

3

Pour conclure

Tout le travail éducatif de développement de la personne est entrepris pour permettre à l'éduqué d'être un jour autonome, susceptible de « faire ce qu'il doit, comme il veut », et de se comporter d'une façon responsable à chaque moment de sa vie.

S'il vit dans le présent, l'homme est doué de mémoire, ce qui le raccroche au passé, et d'imagination, ce qui le tourne vers l'avenir. Mais le passé peut être perçu comme dévalorisant et l'avenir comme inquiétant.

C'est pourquoi il importe d'aider l'éduqué à tirer toujours des leçons *positives* de son passé, des succès comme des échecs, de développer ses potentialités personnelles, d'acquérir des compétences, pour pouvoir reconnaître sa propre valeur et se doter d'une réelle confiance en soi.

Parallèlement, l'éducateur aide l'éduqué à percevoir l'avenir comme plein d'opportunités, sans négliger pour autant qu'il peut receler des dangers. Une analyse rationnelle des risques aide à maîtriser l'angoisse, si naturelle à l'être humain.

Chapitre 2

La socialisation de la personne

Préambule

Abordons maintenant le travail éducatif de socialisation de la personne, qui doit être mené en même temps que celui de développement de la personnalité.

En fait, le développement de la personnalité est déjà partie prenante de la socialisation puisqu'il existe déjà une relation sociale entre l'éducateur et l'éduqué, qui cheminent ensemble.

Mais la société, c'est plus que deux personnes. Cela mérite donc bien une réflexion ciblée sur la socialisation, dont nous verrons qu'elle est finalement très liée au développement de la personnalité.

Dès le début de cet ouvrage, nous avons pris le parti de rester toujours dans la réalité. L'éducateur ne saurait « inventer » la nature humaine : elle est ce qu'elle est et il doit en tenir compte.

Quand nous disons que l'être humain est social par nature, nous ne faisons que dresser un constat.

Le seul examen des besoins potentiels ressentis par l'homme ou des biens qui lui sont nécessaires pour vivre conformément à sa dignité montre bien qu'il ne peut satisfaire ces désirs ou répondre à ces nécessités sans le concours des autres. Ces biens matériels, culturels, moraux, spirituels, sont élaborés, proposés, fournis par d'autres que nous.

Et pourtant, dans notre société occidentale, nous pouvons constater qu'un nombre croissant de personnes se comportent d'une façon asociale. Nous ne portons aucun jugement de valeur sur ces personnes, car si nous faisions une étude de sociologue professionnel, nous constaterions que les types d'asociaux sont multiples et que certains le sont devenus bien malgré eux. Pensez à tous ceux que l'on désigne sous le nom d'*exclus,* parce qu'ils sont sans travail et sans domicile fixe ou réduits à un état de pauvreté et de précarité indigne d'une société prospère.

Mais le caractère asocial de beaucoup ne se traduit pas de cette façon dramatique. Parmi nos contemporains, il en est qui ont un niveau de vie décent, des conditions d'existence tout à fait correctes en matière de logement, et qui souffrent d'une très grande difficulté à entrer en relation avec l'autre, à supporter la vie avec les autres, à s'intégrer dans un groupe, quel qu'il soit.

Enfin, pour simplifier, car les types d'asociaux sont beaucoup plus nombreux que je ne l'expose ici, on pourrait dire qu'il y a tous ceux qui profitent de la réalité sociale et qui consomment toutes sortes de biens et de services ; ils se comportent en fait d'une façon asociale, individualiste, centrée sur eux-mêmes, alternativement indifférents, méprisants, agressifs, agissant comme si tout leur était dû et, ce qui est peut-être le plus grave, sont devenus totalement inconscients du caractère odieux de leur comportement. Sans vouloir les juger, constatons qu'ils sont souvent générateurs de souffrances, de violences, de désespérances qui pourraient être évitées. En revanche, notre réflexion nous oblige à poser cette question : est-ce que tous ces « asociaux de fait » ont été préparés, éduqués à la vie en société ? Ont-ils rejeté leur éducation, ou celle-ci a-t-elle été déficiente en matière de socialisation ? Car si l'on admet que la personne humaine est sociale par nécessité et que la nature l'y prédispose, nous avons vu que l'éducation est nécessaire pour que le petit de l'homme devienne une personne adulte et capable de répondre de ses actes.

Or, précisément, nous vivons dans un environnement individualiste, consumériste, hédoniste, qui ne porte pas à l'intégration sociale. Paradoxalement, nous pouvons constater que nous sommes de plus en plus dépendants les uns des autres, aussi bien en positif (énergie, transports, soins, informations, etc.) qu'en négatif (pollution, accidents de la route, grèves-bouchons, etc.).

Cette distorsion entre une augmentation des interdépendances, qui se traduit d'ailleurs par une « mondialisation de fait », et l'individualisme grandissant des mentalités est facteur potentiel de dangers, de violences, de tyrannies [1].

---

1. Attention à la confusion permanente entre le fait de la mondialisation et l'idéologie mondialiste, fondée sur la volonté de puissance financière de groupements anonymes cherchant à contrôler le fonctionnement de la vie internationale.

Il est donc capital que le développement de la personnalité soit mené de façon concomittante avec la socialisation de la personne. Les deux domaines, malgré les apparences, ne sont pas contradictoires mais complémentaires.

Trois aspects importants de cette éducation à la vie sociale peuvent être distingués, qui sont néanmoins étroitement liés :

— l'acceptation des contraintes, des règles, des interdits qui caractérisent toute vie sociale ;

— la reconnaissance de l'autre, avec tout ce que cela comporte de réflexion sur la différence, qui peut surprendre, irriter mais aussi enrichir et soutenir ;

— le service du bien commun, la coopération nécessaire avec les autres, puisque la qualité de la vie sociale dépend de l'esprit de service et de coopération de chacun.

QUATRIÈME FONDAMENTAL

L'acceptation des règles, contraintes et interdits

La vie en société ne peut être « anarchique »

C'est un *constat* qui, au moins dans une première approche, fait appel à une réflexion non pas d'ordre moral mais simplement pratique.

Si l'on ne fait pas sa cuisine soi-même et si ladite cuisine est faite pour un ensemble de personnes, il est évident que se posera un problème d'horaire. Les cantines, les restaurants d'entreprise ont des horaires d'ouverture et de fermeture, à tout le moins, et souvent des « services » à heure précise.

De même va se poser le problème du respect d'un objet, d'un matériel, d'un engin, d'un bâtiment, susceptible de servir à des personnes appartenant à une collectivité quelconque (habitation, association, hôpital, école, entreprise...). Il existe forcément des équipements collectifs puisque chacun ne peut s'offrir individuellement certains équipements bien utiles (ascenseurs, transports en commun, stades, piscines, etc.). Chacun a intérêt à trouver ces équipements en état de marche, de propreté et même simplement présents !

Et puis il y a le respect des personnes, que traduit bien cette maxime très ancienne : « Ne faites pas aux autres ce que vous ne voudriez pas que l'on vous fasse. » Penser au sommeil des autres, à leur besoin de silence, de tranquillité, de repos ou de travail, et donc respecter leur cadre et leur mode de vie, s'impose dès lors que l'on vit ensemble, que ce soit à temps plein ou à temps partiel. Comme le dit Simone Weil dans *L'Enracinement*, la personne humaine impose le respect en raison de son éminente dignité.

Les communautés humaines n'ont pas en elles-mêmes cette éminente dignité, elles sont même susceptibles de disparaître et d'être remplacées. Mais elles sont nécessaires à la vie de l'individu, elles ont le droit d'être respectées, à condition bien sûr de ne pas porter atteinte à la dignité de la personne.

Parce qu'elles ont une fonction de service des personnes, qu'elles sont organisées pour y parvenir et qu'elles ont en commun de devoir respecter aussi bien les personnes qui coopèrent à leur fonction que celles qui en bénéficient, elles doivent être « dirigées » pour répondre à ces finalités. Et cette direction est un devoir sacré, ce qui est l'étymologie du mot « hiérarchie », *hieros* signifiant sacré et *arché*, commandement.

Le commandement est sacré non en raison du « droit divin » de celui ou de celle qui l'exerce, mais en raison du devoir de parvenir à l'accomplissement des finalités de la communauté en question.

Ces finalités sont propres à chaque communauté – enseigner pour l'école, soigner pour l'hôpital, produire et vendre pour l'entreprise –, mais elles doivent aussi être communes à *toutes* les cellules de la société, en vue de respecter la personne humaine dans toutes ses dimensions.

Quand la hiérarchie, nécessaire au bon fonctionnement d'une cellule de société, n'est plus respectée, quelle qu'en soit la raison, l'anarchie, c'est-à-dire la privation de cette direction, s'installe et, tout à la fois, le fonctionnement devient déficient et les personnes en pâtissent.

En revanche, si la hiérarchie exerce son rôle de façon satisfaisante, toute la communauté en bénéficie, à l'intérieur comme à l'extérieur.

Or, pour y parvenir, la hiérarchie va établir des règles du jeu : interdire les nuisances, empêcher les dysfonctionnements et par conséquent imposer des contraintes à tous les membres de la communauté. **C'est donc rendre service à ses enfants que de les éduquer à être prêts à vivre en société, à accepter ces contraintes, ces interdits, ces règles du jeu, qui sont le lot de toute vie sociale.** Et cela tombe bien, la famille est elle-même une cellule de vie sociale, où cet apprentissage peut se faire « naturellement », sans mise en scène.

Dans la vie de famille, l'enfant va découvrir qu'il y a des personnes à respecter, des équipements à entretenir, des fonctions à assumer. S'il est éduqué, il va peu à peu comprendre que l'agrément de la vie familiale passe par l'acceptation de règles, de contraintes, d'interdits. Et cela deviendra une habitude de comportement social, qui lui permettra plus tard de s'intégrer aussi bien dans la vie professionnelle que dans la vie associative et de créer lui-même une cellule familiale, si telle est sa vocation.

Pour s'habituer aux contraintes, le plus tôt est le mieux

4

Il y a déjà de nombreuses années, a paru un livre intitulé *À cinq ans, un enfant est achevé d'imprimer*. Ce livre avait pour objectif de montrer que l'enfant a une capacité impressionnante d'apprentissages possibles dès sa naissance et que ces apprentissages doivent être faits dans ces cinq premières années, parce que après cela il est trop tard ; les connexions entre les neurones se font, pour certains apprentissages, à un âge précis, par suite d'une sorte de programmation biologique du système nerveux cortical.

Notons qu'au-delà de cinq ans, à un degré moindre, l'enfant continuera à faire des apprentissages, dont la précocité plus ou moins grande conditionnera le niveau de performances qu'il sera susceptible d'atteindre dans divers domaines. C'est vrai pour la musique, pour le sport, pour la lecture, etc.

Mon propos n'est pas d'être déterministe et d'inquiéter les parents en leur disant : « Si votre enfant n'a pas appris telle ou telle chose à cet âge, c'est fichu ! » Mais il est de dire que, dans des domaines aussi différents que l'éducation artistique, intellectuelle, sportive, morale ou religieuse, ce qui a été acquis jeune induit en grande partie l'avenir. Et, évidemment, les déficits d'acquisition risquent d'être difficiles à combler si l'on s'en aperçoit tardivement.

L'éducation à la vie sociale ne fait pas exception à cette règle générale des apprentissages. On ne peut pas commencer cette éducation sociale tant que l'enfant est à la maternité, mais elle doit commencer dès le retour au foyer !

Par quoi va commencer ce nécessaire apprentissage de la vie sociale par le nouveau-né ?

Par le fait qu'il faut l'aider à se régler, comme on dit, pour le problème de la bonne utilisation du jour et de la nuit. Notez bien le terme « régler », qui signifie bien qu'il y a une règle à assimiler : la nuit est faite pour dormir... et pour laisser dormir le reste de la famille.

Or le nouveau-né va très vite intégrer qu'il a un « pouvoir », celui de mobiliser sa mère en hurlant. Celle-ci va donc devoir elle-même s'éduquer à maîtriser ses émotions et apprendre à reconnaître si le nouveau-né souffre vraiment, fesses entamées ou maladie commençante, s'il a réellement besoin de se nourrir (tétée ou biberon)... s'il a une peur ou une angoisse ou s'il fait du cinéma pour être pris dans les bras !

Il y a, notamment pour les jeunes parents, un discernement à acquérir, un instinct naturel à apprivoiser, mais aussi une obligation à « faire le bien de l'enfant » sans se laisser « manipuler » par lui, ce qui exige une maîtrise de l'affectif et une lutte contre une certaine forme d'égoïsme (cédons pour avoir la paix !).

Laisser pleurer l'enfant au lieu de le prendre dans ses bras, ne pas le nourrir si ce n'est pas l'heure, commencer à lui donner des règles de vie pour ce qui concerne le sommeil et la nourriture, c'est commencer à le « socialiser ».

Le nouveau-né ne peut savoir ce qui est bon pour lui et on ne peut pas le raisonner, ce qui ne veut pas dire qu'il ne faut pas lui parler avec le « ton », car très vite il va également intégrer que les parents le consolent, lui donnent une consigne (c'est l'heure de dormir) ou même le grondent.

C'est inouï ce qu'un nouveau-né est intelligent ! C'est fou ce qu'on peut lui faire comprendre à un âge très tendre ! Et c'est extraordinaire de voir à quel point il peut être « manipulateur », notamment vis-à-vis de sa maman, tant qu'on ne lui a pas fait comprendre qu'à ce petit jeu il ne gagnera pas !

Il y a une manière de lui parler, une manière de le prendre dans ses bras (plus de douceur... ou plus de fermeté), une manière de le regarder, de lui sourire... ou de lui faire les gros yeux qu'il va très vite savoir interpréter. Il y a des habitudes de régularité qui vont favoriser chez lui le calme, le bon sommeil, mais également la mobilisation de son énergie, ce dont il aura besoin pour tous les apprentissages qui vont jalonner sa vie de bébé.

Il y aura, de la part des parents, **un discernement à acquérir pour ce qu'on appelle des caprices.** Car il est normal que l'enfant ait, par exemple en matière de nourriture, des goûts et des dégoûts, mais, d'un autre côté, il est capital qu'il ait une alimentation équilibrée et qu'il n'impose pas systématiquement son refus d'aliments indispensables à sa bonne santé.

Certains enfants souffrent de carences parce que les parents n'ont pas su imposer la consommation de protéines ou de dérivés du calcium. Il faut pourtant le faire, tout en tenant compte d'une légitime préférence pour tel type de protéines ou d'une difficulté à absorber certains types de produits dérivés du lait

Pour toutes ces questions, il faut savoir faire preuve de bon sens, écouter les conseils des pères et mères, dont l'expérience et la sagacité ne peuvent être niées, et, pour les mamans, savoir que la nature leur a donné une intuition, un instinct, dont les bons généralistes et les pédiatres savent qu'il faut tenir compte.

Face aux règles, l'enfant peut passer du caprice à la colère

Le nouveau-né a grandi, il est devenu un bébé qui « prend » de plus en plus de connaissance. Quand il était tout petit, nous avons remarqué qu'à une certaine heure de la journée, souvent en début de soirée, après l'avant-dernier biberon, il donnait de la voix, alors que ses petites fesses étaient bien sèches et son petit estomac bien rempli. C'est qu'il a besoin de faire de l'exercice et qu'il ne peut pas encore en faire suffisamment, ne marchant pas encore à quatre pattes, ne se tenant pas assis tout seul dans un parc avec des jouets. Alors il « gueule » un bon coup, et plus il a « la santé », plus il risque de hurler avant de tomber épuisé, ce qui nous obligera peut-être à le réveiller pour le dernier changement de couche et le dernier biberon avant la nuit. S'étant préalablement bien dépensé, il peut nous réserver ses plus beaux sourires et ses plus beaux efforts de rhétorique nourrissonne : pères, ne manquez pas cette occasion d'entamer avec votre tout-petit ces premiers dialogues qui en préparent d'autres... plus intellectuels.

Mais il arrive un moment où le bébé n'est plus un nouveau-né, où le besoin de hurler à heure fixe n'est plus le même, car il profite mieux des promenades pour s'oxygéner et se fatiguer par suite des multiples sollicitations qui requièrent son attention. Et l'on va s'apercevoir que, cette petite personnalité s'éveillant de plus en plus, elle va à nouveau manifester coléreusement sa petite volonté, par exemple en ne voulant pas faire sa sieste, se laisser habiller, manger ce qu'on lui donne, etc. Ce n'est plus un caprice de bébé ou une séance de hurlements hygiéniques, c'est une manifestation d'indépendance, déjà consciente, même si elle ne s'exprime pas par la parole, ce qui viendra (l'âge du « non »).

Là encore, mon petit bonhomme ou ma petite bonne femme, il faut que tu comprennes très vite que tu ne vas pas faire la loi ! Tu n'es pas à l'âge où l'on peut te raisonner, mais tu es parfaitement à même de comprendre que tes parents : *primo,* ne sont pas satisfaits de ton comportement, *secundo,* n'ont pas l'intention de te céder. À la sieste, tu te relèves, tu hurles, tu manifestes ton refus. On te recouche une fois, deux fois, trois fois, rien n'y fait, même pas le ton, nettement moins aimable, de tes géniteurs. Or tu t'excites, tu t'énerves de plus en plus, tu repousses avec fureur toute intervention.

Dans ce cas, pour le bien de l'enfant, qui a besoin de se calmer et qui n'en est plus capable, il ne reste plus que l'utilisation du lavabo quelques secondes : on lui plonge les fesses dans l'eau froide. En général, l'effet est souverain, l'eau froide a *saisi* mais sans danger (on ne s'enrhume pas de ce côté-là !). S'il recommence à crier, on le prévient qu'il va y avoir rebelote ! Dès que l'enfant est calmé, le ton doit changer, et deux ou trois câlins lui signifient que l'amour est toujours présent.

L'important est que l'enfant commence à intégrer que l'amour n'est pas aveugle. Les parents doivent apprendre à distinguer le besoin véritable du caprice et mobiliser leur volonté pour y parvenir, en maîtrisant les débordements de leur affectivité qui peuvent souvent les incliner à penser que l'amour ne devrait jamais faire de peine à l'être aimé. C'est faux et cela fait des dégâts.

Souvent, quand on croit qu'il ne faut pas faire de peine, c'est qu'on désire donner une bonne image de soi, et en fait, c'est soi que l'on aime. On ne veut pas s'obliger à la fermeté, qui est autrement difficile à mettre en œuvre que le laisser-faire, le paraître-« cool ».

Amour et fermeté vont de pair et la manifestation de tendresse, quand l'ordre est rétabli, signifie à l'enfant que l'amour n'a pas cessé d'être présent. C'est pourquoi toute cette opération doit être menée avec sang-froid, avec éventuellement un mécontentement manifesté sans que la maîtrise de soi soit altérée.

Quand je vous disais qu'être éducateur(trice) obligeait à s'éduquer soi-même !

4

De la colère au refus d'obéissance, une escalade normale

Bébé continue de grandir. Si les parents ont su gérer successivement caprices et colères, ce qui est souhaitable, ils vont connaître un peu plus tard les refus d'obéissance caractérisés.

Bébé ne parle pas encore, à part quelques mots, mais ses parents continuent à lui apprendre des tas de choses. Comme il ne peut pas dire merci, on peut lui apprendre à faire un petit signe de la main en lui disant que c'est sa manière de le dire. Comme en plus l'enfant est fier de montrer qu'il a appris quelque chose, dans un premier temps il sera heureux de prouver qu'à sa manière il sait exprimer un remerciement par un geste approprié.

Et puis un jour, sans que rien l'ait annoncé, il refuse. Il ne sait pas dire le mot, mais il a parfois déjà intégré qu'en tournant sa petite tête d'un côté puis de l'autre, cela veut dire non ! C'est le premier vrai « bras de fer » parents-enfant. Ne pas céder : tant que tu ne dis pas merci à ta manière, tu n'auras pas ce que tu désires. L'enfant ne sera pas « frustré » pour autant !

Cette manifestation du refus de l'enfant peut avoir lieu pour le merci, pour le bonjour à manifester aux visiteurs ou pour toute autre règle mise en place par les parents. Ultérieurement, ce refus sera énoncé par la voix de l'enfant : c'est l'âge du « non », un mot dont il intègre très rapidement la consonance et la signification. La signification de ce

« non » de l'enfant est simple : je veux vérifier si ta volonté est à la hauteur de la mienne, qui est en train de s'affirmer !

L'enfant est une personne en devenir. De la personne, il a les caractéristiques essentielles, une intelligence et une volonté, pour pouvoir faire usage de son libre arbitre, comme nous l'avons exprimé au début de cet ouvrage. Et, justement, nous l'éduquons à user de ce libre arbitre dans un cadre qu'il ne fabrique pas lui-même, comme ce sera le cas toute sa vie puisqu'il vivra dans une société qui a ses lois, dans un État de droit *et* donc de devoirs.

Car, comme le dit Simone Weil, **notre droit ne vaut rien si les autres ne se reconnaissent pas le devoir de le respecter.** Ce respect des mêmes lois, pour tous au sein de la famille, l'enfant l'apprend quand ses parents lui font comprendre, avec une douce fermeté (voire une rude fermeté), qu'il doit s'y plier, comme les autres membres de la famille. Un peu plus tard, à l'âge de raison, on pourra lui expliquer le bien-fondé du respect de ces lois.

Mais, chers parents, gardez-vous d'attendre de pouvoir raisonner votre enfant pour lui faire pratiquer le respect ! En fait, vous lui rendez un éminent service en lui inculquant, sans lui demander son avis, des règles de vie sociale, la politesse par exemple, une habitude de l'obéissance, qui n'est pas la soumission humiliante de l'esclave mais un acte de personne libre, qui plie sa volonté pour bénéficier de l'action d'une autorité qui l'aide à grandir.

Or la politesse, la compréhension de ce qu'est l'obéissance vraie, tout cela lui permettra de s'intégrer partout, à l'école, dans le monde du travail, dans le sport, etc.

Il est clair que toutes ces règles de la vie en société, dont la cellule familiale, la première où l'enfant va vivre, représentent des contraintes, en ce sens que **notre libre arbitre ne s'exerce jamais tous azimuts :** raison de plus pour s'en persuader le plus tôt possible ! Et vous voyez bien (rappelez-vous notre réflexion sur l'autonomie) que plus l'enfant va développer sa personne, plus il va devenir autonome, plus il va falloir lui faire comprendre que désormais cette limitation de l'usage de son libre arbitre sera signifiée par des interdits.

Son autonomie ne saurait se construire *contre* la société. Elle doit se construire *dans* la société, qui a ses règles, ses contraintes et ses interdits. Voilà qui vient renforcer tout ce que nous avons déjà dit au chapitre précédent sur l'apprentissage de l'autonomie, qui est un apprentissage de l'usage du pouvoir de décision et une voie vers la responsabilisation. Cela est facilité si, dès le plus jeune âge, la socialisation de la personne a été entreprise. En effet, l'habitude des règles, des contraintes, des limites sera un acquis utile.

En sens inverse, le développement d'une personnalité confiante en elle et psychologiquement sécurisée évitera que la nécessaire socialisation ne se traduise par un étouffement de la personne.

Les deux écueils que l'éducation doit éviter sont une éducation « libertaire », qui exalte un usage sans frein du libre arbitre, et une éducation « rigide », qui, sous prétexte de respect des règles, étouffe le développement de la personne. Il y a dans « le moi est haïssable » du XVIIe siècle (ô les méfaits du jansénisme !) quelque chose de pervers, comme il y a dans le « il est interdit d'interdire » une destruction potentielle de la société et des personnes. À nous, éducateurs, de trouver le bon cap.

Mais au fait, n'est-ce pas en raison des excès d'une éducation rigide, ayant oublié sa véritable finalité, que s'est déclenchée la révolution soixante-huitarde ? Et, comme l'a dit Platon il y a deux mille trois cents ans, le risque n'est pas mince que cette révolution culturelle ne se révèle être « en toute jeunesse le début de la tyrannie ».

N'assiste-t-on pas à l'émergence de la tyrannie du sexe, du plaisir, du fric, des biens matériels, des médias, etc., dans ce que Michel Schooyans appelle « la dérive totalitaire du libéralisme » ? Pour moi, droite libérale ou gauche caviar, même combat !

4

Pour conclure

Dans ce volet « règles-contraintes-interdits », nous voyons que l'éducation reste fidèle à une ligne directrice, mais que la manière dont l'éducateur conduit son action évolue avec le temps, avec le développement de la personnalité de l'enfant, l'éveil de son intelligence raisonnable et le renforcement de sa volonté.

Le conditionnement de l'enfant est évidemment très fort dans le plus jeune âge, puisqu'on le place dans un cadre fixé par la cellule familiale et « non négociable » dans un premier temps.

L'éducateur va de plus en plus expliquer les raisons de ce cadre, sans pour autant donner l'impression de se justifier. Plus le temps passe, plus ce cadre est régulièrement clarifié par des interdits qui, paradoxalement, libèrent l'enfant puisque tout ce qui n'est pas explicitement interdit est permis.

L'enfant va donc utiliser sa volonté pour s'interdire à lui-même de déborder du cadre et, nous l'avons vu dans le thème « autonomie » du chapitre précédent, les sanctions le rappellent immédiatement à l'ordre s'il n'en a pas été capable.

Il est évident qu'à un moment l'éducateur et l'éduqué peuvent arriver à une telle communion de pensée sur ces relations entre la personne et la vie sociale qu'il sera devenu possible à l'éducateur d'apprendre à l'éduqué que **dans la vie certaines règles-contraintes, certains interdits ne seront jamais négociables, tandis que d'autres, moins essentiels, plus contingents, le sont, mais en « adulte », pas en adolescent révolté.**

Lorsque les crises de l'adolescence surgiront, elles se feront « en douceur », si ce travail de socialisation et de développement de la personnalité a été accompli de façon satisfaisante.

Reste que chaque enfant est un cas unique, nous ne le répéterons jamais assez.

CINQUIÈME FONDAMENTAL

La reconnaissance de l'autre

La vie en société, c'est la rencontre et la relation avec « l'autre »

Ce deuxième volet de la socialisation de la personne aborde une caractéristique évidente de la vie sociale, à savoir que nous y rencontrons « l'autre » et que nous sommes amené à avoir des relations avec lui, parfois fugaces et superficielles, parfois durables et profondes.

« L'autre » est présent partout, dans la famille, à l'école, dans la rue, dans les transports en commun, à l'hôpital, dans la vie associative, les lieux de culte, les stades, etc.

Le tout-petit perçoit très vite qu'il y a dans son environnement des personnes différentes, qu'il va reconnaître, identifier et auxquelles il manifestera, par ses réactions, qu'il les a effectivement reconnues.

N'oublions pas que, pendant sa vie *in utero*, il a déjà progressivement « pris de la connaissance » et que, notamment, son oreille a perçu de ce fait des voix différentes, surtout celle de sa mère, mais aussi celles de personnes plus ou moins proches de celle-ci, conjoint, frères et sœurs le cas échéant, amis, voisins, commerçants, collègues, etc. La différence, d'une certaine manière, en naissant, il la connaît déjà.

Au passage, nous pouvons noter que cet enfant a noué pendant sa vie fœtale une relation à nulle autre pareille avec celle qui l'a porté, parce qu'il a reçu, dans son sang, les mêmes « décharges » hormonales qu'elle. Ces sécrétions hormonales sont directement liées aux émotions qui agitent la mère, peur, colère, joie, etc. Cette « communion » d'émotions transcrites biologiquement constitue un aspect important de notre nature humaine, un volet de notre conditionnement dont il faut tenir compte dans l'action éducative.

Fermons cette parenthèse importante pour enchaîner précisément sur cette réalité que **« l'autre » est à la fois notre semblable par sa nature humaine et différent par ses conditionnements divers.**

Rappelons ces conditionnements qui font de chaque personne un être unique :

— le patrimoine génétique (transmis par chacun des deux géniteurs) ;

— le sexe et l'âge ;

— le caractère ;

— le milieu familial, social ;

— la culture acquise ;

— la religion, les croyances, la philosophie personnelle ;

— l'histoire personnelle (passée et présente) ;

— les événements, incidents et accidents, qui l'ont marquée ;

— le psychisme, etc.

La société humaine est faite de communautés ou d'agrégats à géométrie variable dans le temps et selon les lieux, de taille minuscule ou gigantesque, composée de personnes humaines toutes différentes.

On dit de quelqu'un qu'il est sociable si le caractère différent de l'autre, son « altérité », est perçu par lui *a priori* comme un élément positif de la vie.

La sociabilité est-elle innée ou acquise ? J'aurais tendance à répondre que, comme la majorité des caractéristiques d'une personnalité, il y a probablement de l'inné *et* de l'acquis.

Mais, de même que certains acquis sont réalisés pendant la vie fœtale, les différences de comportement que nous observons chez le bébé peuvent être déjà en partie des acquis. L'éducateur a en face de lui un « petit » qui, quelles que soient ses dispositions en matière de sociabilité, devra vivre en société. Puisse-t-il ne pas penser, avec Jean-Paul Sartre, que « l'enfer, c'est les autres » !

Confrontation, acceptation, affrontement, fuite, séduction, indifférence

Cette phrase de Jean-Paul Sartre nous « interpelle au niveau du vécu » ! Le fait est que nous ne pouvons éviter cette confrontation avec l'autre.

Que nous le voulions ou non, la vie nous confronte avec ce « semblable » si différent. N'ayons pas peur de cette confrontation, mais remarquons immédiatement que l'action éducative visant à donner confiance en lui à l'enfant et à l'aider à maîtriser son stress favorise la sérénité dans cette inévitable confrontation.

La sociabilité de l'éducateur entraîne celle de l'éduqué. Si les parents ont tendance à fuir la confrontation ou, à l'opposé, à la traduire toujours en termes d'affrontement, ils ne favoriseront pas l'acceptation sereine de la différence par leur enfant.

Une fois de plus, l'action éducative conduit l'éducateur à parfaire (ou à commencer !) sa propre éducation.

Le réalisme nous oblige à viser comme objectif en termes d'action éducative que l'enfant accepte sereinement la confrontation avec l'autre puisqu'il sera amené à vivre avec, d'une manière ou d'une autre.

Il faudra s'attendre, selon les tempéraments des uns et des autres, que l'éducateur se retrouve à cheminer avec un enfant enclin à fuir ou à rechercher la bagarre ; à chercher à séduire, à charmer ou à manifester de l'indifférence.

L'acceptation passe par la confrontation, qui engage à faire l'effort de connaître l'autre tel qu'il est.

L'indifférence est un réel danger pour la vie future de l'enfant. Elle risque de l'isoler ou conduire à son rejet par les communautés qu'il traversera durant son existence, de lui faire commettre des bévues par méconnaissance de l'autre.

Attention également aux attitudes systématiquement séductrices de certains enfants, qui ne les aident pas à connaître l'autre, tout occupés qu'ils sont à s'efforcer de le charmer. Parfois, cette stratégie de séduction n'est qu'un rideau de fumée qui cache la personnalité réelle de l'enfant.

Finalement, les stratégies de fuite ou d'affrontement sont peut-être moins difficiles à éduquer, surtout si elles sont :

— soit le fait d'un tempérament combatif ou conciliant, qu'il faudra apprendre à « piloter » ;

— soit le fait d'une confiance en soi pas encore consolidée ou d'une maîtrise de l'anxiété pas encore réalisée.

Se connaître soi-même et s'accepter sans mépris ni complaisance aide à connaître l'autre et à l'accepter. Maîtriser son anxiété aide à ne pas avoir peur de l'autre, cette peur qui pousse, selon le tempérament, à fuir ou à chercher la bagarre (l'agressivité est souvent signe d'une peur que l'on dissimule de cette manière).

Abordons la question sous un angle différent. L'orgueil amplifie toutes les difficultés inhérentes à l'action éducative, l'orgueil de l'éducateur comme celui de l'éduqué.

Quant à l'éducateur, dès le début de cet ouvrage, nous avons affirmé l'importance de l'humilité pour les différents partenaires de l'action éducative. L'humilité aide à ne pas juger l'enfant mais à l'aimer tel qu'il est en vue de le faire grandir et pousse à se donner une obligation de moyens mais pas une obligation de résultat : souvent autre est celui qui sème, autre celui qui récolte.

Et puis, bien sûr, il y a l'orgueil de l'éduqué, qui peut le pousser tout aussi bien à fuir la confrontation qu'à la transformer en affrontement. L'enfant qui fuit n'a-t-il pas peur de se comparer à l'autre et de se sentir inférieur ?

L'enfant qui s'affronte à quelqu'un n'a-t-il pas envie de se comparer à l'autre et de prouver qu'il lui est supérieur ?

Évaluation, comparaison, jugement ou constat

Pour être heureux, ou du moins pour ne pas se précipiter dans le malheur, il ne faut jamais se comparer aux autres. Si l'on se compare aux autres, soit on est réaliste, soit on rêve.

Si l'on est réaliste, compte tenu de la diversité et de la multiplicité des talents, on ne peut manquer de voir chez les autres toutes sortes de talents, que l'on n'a pas ou que l'on a mais à un niveau nettement moins éblouissant. Cette comparaison ne tourne pas à notre avantage et cela peut engendrer déception, amertume, sentiment d'injustice, complexe d'infériorité, colère, et j'en passe...

Si l'on rêve, on peut se croire en tout inférieur ou supérieur aux autres. Si l'on se croit inférieur, cela paralyse l'initiative, la créativité, l'autonomie. Si l'on se croit supérieur, gare au retour sur terre, la chute peut être brutale.

Allons plus loin, sans rester dans le simple « ressenti » du bonheur ou du malheur. On ne peut comparer deux personnes. La complexité de la personne humaine, la nature de son être font que c'est impossible. Pourtant, nous sommes sans cesse évalués à l'école, au travail, dans le sport ou dans l'art...

Là est le drame : croire, pour les uns, qu'on est évalué et, pour les autres, qu'on évalue... des personnes.

On n'évalue pas des personnes, on évalue des performances, on apprécie l'efficacité d'une action, la qualité d'une œuvre. Et cela, en revanche, il faut l'accepter. Mais il ne faut jamais faire l'amalgame entre la personne et ses performances, dans tel domaine, à telle époque, dans telles circonstances. **L'évaluation aboutit inévitablement à des comparaisons... de performances. En aucun cas elle ne doit aboutir à des comparaisons de personnes.**

« Ne jugez pas, vous ne serez pas jugés » : quel conseil de sagesse ! Cette distinction entre la personne et ce qu'elle dit, ce qu'elle fait, voilà un point capital de l'éducation.

Et nous en profitons pour aborder la question « tarte à la crème » de nos médias, de notre environnement social actuel : la tolérance.

5

Vraie et fausse tolérance

Pauvres enfants, pauvre jeunesse, que l'on manipule sans arrêt sur le thème de la tolérance. Quelle confusion met-on dans leur esprit !

On les conditionne à la tolérance, non pas envers les personnes mais envers les actes, les modes de vie, les discours, du moins envers les actes, les modes de vie, les discours « actuellement corrects ».

Constatons en revanche que l'intolérance règne à l'égard de tous ceux qui manifestent des convictions, qui témoignent souvent, par leur vie, des valeurs qu'ils cherchent à promouvoir.

Qui décrète d'ailleurs ce qui est « actuellement correct » ? Nul ne sait... Les médias sont assurément une caisse de résonance, mais qui leur a soufflé la définition de cet « actuellement correct » ? Allez savoir, vous pouvez faire toutes sortes d'hypothèses !

Mon propos n'est pas d'en faire la liste mais de dénoncer un processus d'intimidation, un terrorisme intellectuel, une violence qui prend des aspects de lynchage médiatique. Au passage, tout le contraire d'une vraie tolérance envers les personnes.

Je fais partie de ceux qui s'obstinent à dire qu'une contre-vérité reste une contre-vérité et qu'une sottise reste une sottise, même si elles sont proférées par une majorité, et qu'une action contraire à la morale naturelle reste mauvaise, même si elle est pratiquée par le plus grand nombre.

5

Pour déstabiliser tous ceux qui ne fonctionnent pas au politiquement correct, socialement correct, médiatiquement correct – ce que j'ai résumé en « actuellement correct » –, on n'hésite pas à déformer ce qu'ils disent, à travestir et à tronquer ce qu'ils écrivent, à leur faire mille procès d'intention...

De ce fait, notre action éducative doit être à la fois offensive et défensive.

— Offensive, en ce sens qu'elle doit être promotion de la vraie tolérance, qui est absence de jugement *sur la personne,* respect de sa dignité d'être humain, regard positif sur sa capacité à grandir. Untel a dit une sottise mais il *n'est pas* un sot. Untel a commis un méfait mais il *n'est pas* un malfaiteur. Untel a proféré un mensonge mais il *n'est pas* un menteur.

— Défensive, en ce sens qu'il faut montrer à l'enfant que l'on doit défendre courageusement ceux qui sont injustement attaqués dans leur personne.

Courageusement, voilà un mot important. La vie sociale, la « sociabilité », n'exclut pas la lutte contre la sottise, la corruption, la tyrannie de l'argent, du sexe, de l'avoir et du paraître. Et mener ce combat exige du courage.

C'est un signe fort d'acceptation de l'autre que de le défendre même si on est loin de partager ses opinions. Cela, c'est la vraie tolérance et aujourd'hui elle exige particulièrement du courage.

Cette vraie tolérance est respect de toute personne, quels que soient sa vie, ses opinions, ses paroles, ses écrits. Mais ce respect n'empêche pas de porter des critiques sur les actions, les paroles, les écrits et cela au nom du Bien, du Vrai, du Beau.

De l'acceptation à la reconnaissance

Dès qu'on s'est intéressé à l'autre pour le connaître et non pas pour le séduire, dès qu'on l'a accepté tel qu'il est, on a déjà franchi un palier.

Mais l'éducation permet d'aller plus loin, c'est-à-dire de poser sur l'autre un regard qui, au-delà de la connaissance, va permettre la reconnaissance, la reconnaissance que cette différence, cette singularité, est une richesse pour moi et pour la société tout entière.

Comme dit le poète : « L'ennui naquit un jour de l'uniformité. » Quelle merveille que les gens soient si différents ! Il est important de faire saisir à l'enfant cette richesse apportée par l'autre. Car enfin, en quoi l'admiration que je porte à l'autre pourrait-elle me diminuer ? L'autre n'est pas parfait ? Cela tombe bien, moi non plus ! Il y a tant à s'émerveiller des talents des autres ; adresse, dextérité, courage, délicatesse, pertinence de l'analyse, fulgurance des intuitions, promptitude, résistance, on n'en finit pas d'admirer la multiplicité des qualités et la diversité des domaines concernés – sport, art, culture, vie morale, vie spirituelle, vie sociale, professionnelle, associative. Et l'autre possède des qualités quelquefois insoupçonnées. Quelle joie de les découvrir, de les faire connaître, de les valoriser !

Comme le dit Snoopy, dans la fameuse bande dessinée de Schulz, « un petit compliment n'a jamais fait de mal ». Et l'on voit que **cette propension à reconnaître l'autre comme un bien précieux ne peut être évidemment communiquée que par un éducateur qui la pratique lui-même, notamment à l'égard de l'éduqué.**

Une fois de plus, dans le cheminement éducatif, l'éducateur donne l'exemple pour être crédible : le lien entre la « confiance en soi » du chapitre précédent et la présente section est évident. Cette cohérence est importante pour l'enfant, qui est toujours profondément perturbé par les incohérences intérieures des adultes ou leur absence de cohésion entre eux.

Pour ce qui concerne ce dernier point, il apparaît clairement que beaucoup d'enfants sont fragilisés par les conflits qui opposent leurs parents à propos de leur éducation.

Cela ne les empêche pas d'en jouer parfois quand, à court terme, ils ont l'impression que cela va leur éviter une sanction, car ce ne sont que des enfants et ils ne voient pas encore suffisamment loin.

Mais imaginez que leurs parents se séparent ; même si leur éducation n'a été qu'un des éléments de cette séparation, les enfants se souviennent du rôle qu'ils ont joué parfois en se mettant en position de sujet de discorde entre eux. Il n'est pas rare alors qu'ils culpabilisent en étant persuadés que cette séparation est de leur faute : vous voyez les dégâts psychologiques qui en résultent et qui aggravent le fait, en soi si douloureux pour les enfants, de la séparation de leurs parents.

Je profite de l'occasion pour dire que lorsque deux jeunes gens de sexe différent viennent me confier qu'ils ont l'intention de fonder une famille, je les alerte toujours sur ce problème de l'éducation. « Avez-vous, leur dis-je, pris le temps de parler sérieusement et longuement de cette question ? Puisque vous voulez fonder une famille et donc accueillir, éduquer, élever des enfants, pensez bien à cette cohésion éducative qui devra être la vôtre. Si vos idées, vos convictions, votre culture familiale à chacun sont dans ce domaine radicalement à l'opposé de celles de l'autre, préparez-vous à de graves difficultés et, à chaud, en situation, probablement à des disputes fâcheuses devant les intéressés. À moins que l'un de vous deux rompe le combat, se désintéresse du problème, se taise et... prépare sa revanche pour le cas où la suite des événements lui donnerait raison. »

Un autre problème peut aussi se poser : les distorsions possibles entre l'action éducative des parents et les comportements des enseignants. Ces derniers ont évidemment un rôle premier qui est de transmettre des connaissances, après les apprentissages initiaux (lire, écrire, compter), d'éveiller l'esprit critique, de donner des repères culturels.

Mais est-il possible d'enseigner sans éduquer ? Non, bien sûr, car on ne peut parvenir à s'instruire sans faire preuve de quelques solides vertus : humilité, persévérance, courage. De ce fait, les enseignants se doivent d'être des éducateurs, et leur rôle n'est pas aisé si les parents leur confient des enfants inéduqués. De toute façon, eux-mêmes doivent avoir un projet éducatif cohérent, et surveiller leur comportement.

N'ont-ils pas, pour certains, tendance à juger les enfants, à les comparer, à humilier parfois inutilement certains, à se désintéresser d'autres, éventuellement à donner la « grosse tête » à un petit nombre de « bons » élèves ?

À l'École supérieure de chimie de Lyon, j'avais pu communiquer à mon équipe cette passion qui est la mienne de rechercher inlassablement les très diverses potentialités de nos élèves. J'avais fortement diversifié l'embauche, ainsi que les cursus possibles, de bac + 2 à bac + 5, 6 ou 8, selon les cas. Il m'est souvent arrivé de soutenir des élèves ingénieurs qui n'étaient pas de « bons » élèves au vu des critères scolaires et dans lesquels je voyais le futur excellent ingénieur, le créatif en recherche, voire l'entrepreneur...

Les obstacles à la reconnaissance de l'autre

Si j'en crois le discours « actuellement correct », il n'y aurait qu'un obstacle important à la reconnaissance de l'autre : le racisme. Il y en aurait bien quand même quelques autres, de moindre gabarit : le machisme ou sexisme, l'homophobie, l'intégrisme, de préférence catholique, l'antisémitisme, mais, au fond, tout cela ne serait que des formes de racisme.

Face à ce discours dominant, je dirais volontiers : le mur de Berlin est tombé, le bloc communiste s'est en majeure partie effondré, mais la dialectique, la pratique de l'amalgame, le procès d'intention, l'usage de la calomnie, de la dérision et du discrédit sont encore très présents.

Les enfants doivent être prémunis contre certaines sottises dues à des confusions intellectuelles. Affirmer que tout est culturel, c'est-à-dire lié à un milieu, une éducation, une religion, un continent, me paraît avoir des effets pervers.

Une des applications très en vogue de ces théories concerne évidemment la morale puisque, depuis une trentaine d'années, « il est interdit d'interdire », donc tout semble permis. Un certain discours moralisateur méritait bien sûr d'être considérablement amendé en donnant à la morale sa véritable finalité, qui est le bonheur, c'est-à-dire l'amour vrai. Or pour atteindre ce bonheur, chacun doit s'obliger à s'interroger sur ses propres actes et leurs conséquences et à s'interdire à lui-même ce qui fait obstacle à l'amour vrai, car on ne peut pas *tout* se permettre.

En revanche, les éducateurs qui parlent de morale, eux, n'ont pas souvent le droit à leur différence. Quant à leurs censeurs qui se cooptent entre eux et se forgent eux-mêmes une réputation d'« intelligentsia » alors que la pauvreté de l'argumentation démontre à loisir qu'elle est surfaite, ils font preuve d'une remarquable intolérance pour des champions de la tolérance ! À quand le vrai débat d'idées que l'on nous promet ?

Pour conclure

Il est temps de former à nouveau des esprits libres. La vie en société n'est pas celle d'un troupeau bêlant les mêmes slogans. Il existe aujourd'hui une sorte de consensus mou, qui réunit des moutons de Panurge menés par certaines personnes s'attribuant à elles-mêmes le qualificatif d'intellectuels.

La véritable vie en société exige la confrontation de personnalités diverses, de tous milieux, de toutes origines, originales, créatives et, pour tout dire, « uniques ». Malheureusement, on assiste aujourd'hui à un vrai conformisme des mœurs, des pensées, des idées, qui se donne les allures du non-conformisme. On retrouve, sous les dehors bohèmes et la forme prétentieuse et agressive, un maigre bagage d'idées reçues, une dérision qui ne fait rire que leurs auteurs et les conditionnés des rires enregistrés : c'est sinistre et abrutissant.

Éducateurs, parents, faites trouver ou retrouver à vos enfants la joie de reconnaître avec sympathie tous ceux qui, par leur différence, enrichissent la société et lui donnent un vrai charme. Et tant mieux si cette diversité, cette richesse, dans vos familles ou dans vos classes, génère un débat véritable – cela vaut mieux que le consensus passif.

Nous allons justement nous pencher sur la coopération, qui est participation au bien commun rassemblant des personnalités différentes.

SIXIÈME FONDAMENTAL

La participation au bien commun

L'essentiel, c'est de participer

Tout le monde connaît cette célèbre phrase du baron de Coubertin, qui fut l'instigateur d'une renaissance des Jeux olympiques de l'Antiquité. C'était à une époque où le sport était une activité désintéressée, souvent réservée à ceux qui en avaient les moyens...

Appliquons cette phrase à la vie sociale. Posons-nous la question suivante : « Est-il possible de s'attacher à une communauté pour laquelle on ne fait rien ? » Si le citoyen se désintéresse de la vie politique – mot qui vient du grec *polis*, la Cité, lieu où réside le citoyen –, ne nous étonnons pas qu'il ne vote pas, qu'il n'ait aucun soin des équipements publics et qu'éventuellement il les dégrade.

Même constat dans la vie associative, où nous observons que prévaut de plus en plus une mentalité de consommateurs, qui profitent des services sans en rendre jamais un seul et ne montrent aucun attachement à l'association. Il est parfois difficile de trouver des bénévoles, si bien que ceux-ci sont rapidement surchargés et finissent par se décourager. Pourtant, le bénévolat apporte beaucoup à ceux et à celles qui s'y dévouent, leur conférant une stature et une dimension humaines qu'ils n'auraient pas eues sans cette participation à la vie associative.

Allons plus loin et jetons un regard sur la vie professionnelle. Il y a des entreprises qui « paient bien » et dont les salariés disent : « C'est une sale boîte ! », et il y en a dont les salaires sont plutôt dans le bas de la gamme et auxquelles le personnel est profondément attaché. Ces dernières sont souvent des entreprises à taille humaine, où l'on se connaît et où tout le monde, chacun à son niveau, participe à la vie commune.

Il existe une énorme différence entre :

— être taillable et corvéable à merci, ce qui arrive souvent quand la seule finalité des dirigeants est la montée du cours de la Bourse ;

— participer à une œuvre commune, dont on est fier, sachant que l'on est respecté et apprécié. Tout le personnel de la base fait lui-même « la police », car quand on mouille sa chemise, on n'aime pas trop les tricheurs, les tire-au-flanc.

Notons au passage que le matérialisme de notre société est facteur de régression de la vie sociale, qu'il fait grandir l'individualisme, la violence, l'envie, la haine... Nous y reviendrons.

Dans les sports collectifs professionnels, les équipes qui gagnent ont des individualités performantes mais font preuve également d'une solidarité impressionnante : la stratégie de l'équipe est prévue de façon très rigoureuse, chacun y joue son rôle... et on ne tolère pas les tricheurs. Un agrégat de vedettes qui se détestent et se jalousent ne fait jamais une grande équipe.

Dans un autre registre, celui des amateurs purs et durs, qui a été le mien pendant de longues années, j'ai pu constater que le fait de se battre ensemble en transpirant abolit les barrières sociales et même hiérarchiques. Les heures passées à mouiller le maillot de concert pesaient d'un grand poids dans l'amitié.

C'est en ce sens que participer, c'est-à-dire prendre part à la vie commune, à l'œuvre commune, est bel et bien essentiel pour ancrer l'homme dans cette vie sociale qui est nécessaire à sa vie tout court.

Les étapes de la participation

Comme tout ce qui fait partie du projet éducatif, **la participation, la coopération est un cheminement pour l'enfant, qui pourra en faire sa règle de vie personnelle à l'âge adulte.** En attendant de se l'approprier en mobilisant *son* intelligence et *sa* volonté, il va y être conditionné par ses éducateurs, parfois de bon gré, parfois en renâclant. Ce qui ne veut pas dire que, tout en imposant parfois cette participation, on ne fera pas appel très vite à la bonne volonté et à la compréhension de l'enfant.

Mais à un enfant de 2 ou 3 ans, on ne fait pas de discours sur le bien commun ! On lui demande de ranger ses jouets, en lui apprenant à le faire, ce qui demande de la patience à l'éducateur. Hélas, beaucoup de parents font ce rangement eux-mêmes, parce que cela va plus vite et que cela les énerve moins, mais c'est une contre-éducation !

On paiera plus tard, et peut-être très cher, les mauvaises habitudes prises dès l'enfance par un désormais adolescent pour lequel on a pourtant « tout fait ». Il est rare que la reconnaissance se développe sur un terrain où l'on a laissé pousser, par laxisme, l'égoïsme et une mentalité de « profiteur »... C'est l'enfant qu'on laisse entrer et sortir à n'importe quelle heure, ne pas participer au repas familial, ne jamais faire son lit ni ranger sa chambre, ne jamais rendre service, etc.

Il y a quelques années, peut-être plus d'une vingtaine, le shérif d'Atlanta avait publié les « dix commandements » des parents qui veulent donner le plus de chances à leur enfant... de finir sur la chaise électrique. Vous y retrouviez le contraire de ce que nous avons dit sur les règles, contraintes et interdits et de ce que nous disons maintenant sur la participation.

À peu près à la même époque, le fameux docteur Spock, qui avait longtemps tenu le haut de l'affiche face aux parents américains, en leur expliquant qu'il fallait tout laisser faire aux enfants pour ne pas leur donner de complexes, battait sa coulpe et avouait qu'il avait trompé ses admirateurs en se trompant lui-même. Mais les dégâts étaient faits et la délinquance juvénile, le vandalisme, la drogue, la prostitution précoce, la violence régnaient dans beaucoup de grandes villes américaines. Il a fallu faire machine arrière et cela a été, et est encore, très douloureux.

Tout cela pour dire que **la participation suit exactement les étapes de l'autonomie.** Au fil des apprentissages de l'enfant : autonomie dans les tâches simples puis complexes, missions de courte durée, puis missions plus étendues et plus longues, il convient que cette autonomie ne soit pas mise uniquement au service du développement de sa personne, mais au service de la communauté, qui lui assure vivre et couvert, affection, protection et développement personnel.

Faire confiance à un enfant pour le bien de la communauté est encore plus gratifiant, si c'est bien présenté, car cela lui montre que la « société » compte sur lui. **Encouragements et compliments favorisent l'envie de rendre service et la fierté d'avoir servi.**

Comme l'exemple vaut mieux que tous les discours, l'enfant sera d'autant plus facile à convaincre qu'il verra ses parents se rendre mutuellement service.

Dans le temps, comme on dit à mon âge, on apprenait que « servir était un honneur ». Sans être des nationalistes chauvins, nous aimions notre patrie et dans nos colonies de vacances, nous avions chacun des missions pour le service de tous. C'est peut-être la raison pour laquelle mes trois années d'internat, effectuées au séminaire français de Rome, entre 63 et 66 ans, non seulement ne m'ont *jamais* pesé mais m'ont ravi. Je me suis fait plus de soixante-dix copains que je ne suis pas près d'oublier, notamment parce que ensemble, par équipes, nous faisions la vaisselle, mettions la table, préparions les cérémonies et les festivités... et faisions du sport.

La famille nombreuse, c'est vrai, donne tout naturellement ces habitudes de service. En son sein, les parents font probablement moins preuve de sensiblerie béate (il est trop petit pour aider), ni, ce qui est pire, de cette mauvaise conscience « fautive » (la vie est dure, il aura bien le temps d'en baver plus tard !). Un peu de bon sens, s'il vous plaît !

La vie n'est jamais un « long fleuve tranquille », autant s'y préparer progressivement. Entre faire de ses enfants des esclaves et faire d'eux des petits pachas tyranniques, il y a quand même de la place pour les aider à devenir des êtres sociables, serviables, attentifs aux autres, prêts à donner un coup de main à ceux qui peinent.

La solidarité, une vertu sociale indispensable

J'ai connu et ô combien ! admiré un milieu ouvrier où la solidarité n'était pas un vain mot. Ayant été en charge des problèmes humains et sociaux, j'ai toujours affirmé haut et clair que c'était en tant que responsable de la production que j'avais rencontré la population la plus sympathique, franche du collier, solidaire, capable d'en « mettre un coup » dans les difficultés, ayant le respect des engagements, à condition, et c'est la moindre des choses, qu'on ait avec elle les mêmes dispositions.

Il y a d'autres populations professionnelles que j'aimais aussi, mais pour d'autres raisons, par exemple pour leur fragilité. C'est souvent le cas des « intellectuels », informaticiens, chercheurs et enseignants. La solidarité est moins présente, l'individualisme est parfois pénible, et l'on constate des déficits éducatifs. Comme le dit Anatrella : « Interminables adolescences ! »

La solidarité, grande vertu sociale, s'apprend dès le plus jeune âge et les éducateurs, quand ils jouent leur rôle, en donnent l'exemple. Car éduquer, transmettre des valeurs, faire grandir la jeunesse, c'est le rôle social qui incombe à la génération de ce que j'appelle la « force de l'âge » et que je situe *grosso modo* entre 35 et 55 ans.

La génération plus âgée, la mienne, a également un rôle social : transmettre une sagesse, une expérience.

Et les plus jeunes ont le rôle social de poser un regard neuf sur la société, d'en signaler les dysfonctionnements, de proposer des changements, sans timidité mais sans prétention.

Nous voyons ici le lien étroit entre la section précédente et celle-ci. La participation est une coopération d'autant plus efficace, créative, riche, qu'elle brasse des personnes d'âge, de sexe, de milieu, de culture différents. Oui, mais à condition que la différence soit vécue comme une complémentarité au service d'un « bien commun », pour lequel tous les membres se sentent solidairement engagés.

Engagement moral et bien commun

Puisque l'homme recherche le bonheur, qui est de l'ordre de l'essentiel, mais qu'il a en même temps l'instinct de la vie, qui est de l'ordre de l'indispensable, il se trouve en quête d'une quantité considérable de biens divers qu'il ne peut se procurer seul. Il a un besoin vital de la société pour y parvenir. Si elle contribue à les lui procurer, il se sentira engagé moralement à contribuer lui-même à sa bonne marche.

C'est ce qu'on peut expliquer à un enfant, dès qu'il a l'âge de raison, à partir de situations simples, sans se lancer dans un discours philosophique compliqué. Peu à peu, on pourra lui faire comprendre des notions peut-être un peu plus subtiles. En attendant, la vie ordinaire fournit des exemples.

Pierre, qui va faire du sport le mercredi, préférerait être indépendant avec une Mobylette plutôt que de prendre les transports en commun. Jacques rêve d'une console de jeux vidéo. Marie, passionnée de peinture, voudrait suivre un stage de formation. Pour ces personnes, il y a un *intérêt particulier* à posséder quelque chose ou à s'offrir une formation, qui n'est pas de l'ordre de l'indispensable ni de l'essentiel, bien que ce soit un désir respectable.

Quand la famille part en vacances, la voiture actuelle ne peut transporter à la fois les cinq personnes et les bagages. Il y aurait un *intérêt commun* à ce qu'on la remplace par un break. Mais ce n'est qu'un intérêt, car il y a des priorités budgétaires, qui touchent par exemple davantage à l'éducation des enfants, ce qui conditionne leur bonheur futur et est partie prenante de la finalité même de la famille.

Le bien commun propre à la famille, c'est l'éducation des enfants. Par ailleurs il y a un bien commun, le même pour *toutes* les cellules de la société, qui est de contribuer, chacune à leur mesure, à offrir des conditions de vie favorisant la légitime quête du bonheur de ses membres. En l'occurrence, les parents sont responsables de l'éducation des enfants en vue de leur bonheur futur, mais ils y trouvent aussi du bonheur, même si ce n'est pas toujours une partie de plaisir !

Il est bon, au fur et à mesure que les enfants grandissent, de leur faire comprendre un peu ce qu'est une organisation sociale et les différences qui existent entre :

— les intérêts particuliers des personnes ;

— l'intérêt commun qui facilite la vie d'un ensemble de personnes ;

— le bien commun d'une cellule de la société chargée d'apporter une contribution spécifique à la vie de l'espèce humaine ;

— le bien commun, le même pour toutes les cellules de la société, qui consiste à fournir à ses membres des conditions de vie en son sein favorisant la quête universelle du bonheur.

Quant à l'organisation sociale, il faut faire comprendre aux enfants que chaque corps social a un rôle au service de l'homme.

Le corps social le plus petit, c'est la famille. C'est le plus essentiel car il est chargé d'investir dans la vie, d'accueillir, de protéger, d'éduquer les enfants jusqu'à ce qu'ils puissent voler de leurs propres ailes.

Entre les familles et l'État (le corps le plus puissant puisqu'il est chargé de permettre à tous les autres de jouer leurs rôles respectifs), il y a ce qu'on peut appeler des corps « intermédiaires ». Par exemple :

— l'école, pour instruire ;

— l'entreprise, pour produire et vendre des biens et des services ;

— les hôpitaux, pour donner des soins ;

— les associations, pour des personnes ayant d'autres intérêts communs ;

— les collectivités locales, fournissant des services plus coûteux, avec le concours de l'impôt, parce que certains besoins ne peuvent être payés au prix réel ni fournis par les associations.

L'État, lui, a la charge de *garantir* aux familles qu'elles pourront vivre dans la paix civile et la sécurité des personnes et des biens ; être protégées d'agressions extérieures ; être assurées d'une justice et des biens divers dont elles ont besoin et que les corps intermédiaires sont chargés de leur fournir.

Le rôle de l'État est d'être garant et non gérant. Il n'a pas à faire ce que peuvent faire les corps intermédiaires et *a fortiori* la famille. Il peut le faire provisoirement s'il y a carence. Mais il doit veiller à ce que l'homme puisse exercer son libre arbitre dans les limites de la loi et à ce que la solidarité joue pour que ce droit, lié à la dignité de la personne, puisse effectivement s'exercer.

Les lois doivent être elles-mêmes conformes à la nature humaine et donc permettre à celle-ci d'atteindre non seulement les biens matériels et culturels mais les biens moraux et spirituels.

Mon propos n'est pas ici de faire un cours de philosophie sociale, mais simplement de dire que les éducateurs ont à expliquer aux enfants, de façon progressive, à quoi sert la société, la grandeur et les limites de son rôle au service de sa cellule de base, la famille, elle-même au service de la vie et de l'éducation des enfants.

L'enfant s'éveillera ainsi peu à peu à l'idée que toute personne contribue à sa mesure au bien commun :

— dans certains cas par un engagement contractuel (travail rémunéré) ;

— dans tous les cas par un engagement moral (y compris quand on est rémunéré) ;

— dès qu'il vit un temps dans une cellule sociale ;

— et toujours comme citoyen d'un pays ou vivant dans un pays.

Les associations familiales ont précisément comme objectif social de former les parents pour qu'ils puissent éveiller la conscience de leurs enfants et les préparer à la vie familiale, sociale, civique. Le font-elles toujours ? C'est une autre question.

La participation au bien commun est liée à la vertu de justice

À l'intérieur de la famille, nous ne sommes pas dans la société marchande. Si celle-ci a un rôle irremplaçable, qui est de fournir des biens matériels et des services à un marché solvable, dans la famille, les parents n'ont pas à « payer » cette participation au bien commun. Rien ne les empêche de « gratifier » leurs enfants, soit à l'occasion de fêtes, soit pour récompenser des efforts, des mérites par des cadeaux, faits avec mesure.

Il y a cependant dans le service du bien commun une nécessité qui n'est pas de l'ordre de l'amour, mais de la justice. L'amour va bien au-delà de la justice, mais il ne peut se passer de la justice.

La justice nous apprend qu'il faut donner, quand on reçoit des biens non spirituels. Certes, il ne s'agit pas de taxer l'enfant ni de lui faire signer une reconnaissance de dette. Mais comment lui faire comprendre que, dans la vie, il faudra respecter l'équilibre des échanges entre personnes, entre personnes et corps sociaux, et entre corps sociaux l'un avec l'autre (ce qui est de l'ordre de l'honnêteté dans les divers types de transaction[1]) s'il n'a jamais pris l'habitude de contribuer à la vie de la famille qui lui a donné le jour et l'entretient ?

S'il faut « acheter » l'enfant par des biens matériels ou par un chantage affectif, vous pouvez être sûr que de graves désillusions l'attendent plus tard. La famille n'est pas une société marchande, l'affectif y a sa place... mais à sa place ; au-dessus de l'affectif, il y a la vie morale, condition nécessaire, bien que non suffisante, de la vie dans l'amour vrai.

Pour conclure

Nous avons vu que le travail éducatif, mené par l'éducateur pour favoriser confiance en soi et sécurité psychologique chez l'éduqué, permet à celui-ci d'accepter et même de désirer grandir dans l'autonomie.

D'une façon analogue, l'attachement à la vie sociale, qui se traduit par la participation active à la construction du bien commun, passe par un travail éducatif, commencé très tôt, sur l'acceptation des contraintes et la reconnaissance de l'autre.

1. On appelle cet aspect de la justice la « justice commutative ».

Le travail de socialisation de la personne se fait en même temps que celui du développement de la personnalité. Les règles et les interdits sont des contraintes, mais ils donnent un cadre sécurisant à la vie de l'enfant.

L'autre, avec sa différence, l'oblige à un effort pour l'accepter et le reconnaître, mais sa différence l'éclaire sur la sienne, lui fait comprendre qu'il est, lui aussi, unique et qu'il est une richesse pour les autres, ce qui se traduit par un sentiment de valeur et favorise sa confiance en lui.

L'autonomie et la participation « fonctionnent » ensemble. Plus l'enfant est autonome, plus il peut contribuer au bien commun.

Au fur et à mesure que l'enfant apprend à raisonner, il faut lui expliquer tout cela. C'est de la « philosophie » à sa portée, et cela lui fait comprendre que l'éducation est faite pour lui, pour qu'il devienne adulte, capable de se comporter d'une façon responsable, continuant à se développer lui-même et à s'intégrer de mieux en mieux dans la vie sociale.

Mais la quête fondamentale de l'être humain, c'est le bonheur, qui donne un sens à sa vie. Parallèlement à ce que nous venons d'exposer, il va falloir aider l'enfant à trouver un sens à la vie.

Chapitre 3

Le sens de la vie, ou la finalisation de la personne

Préambule

D'une manière générale, on peut dire que les deux premiers champs de l'action éducative ont un caractère nécessaire pour que la personne de l'enfant arrive à maturité.

Chez certains adultes, que Tony Anatrella a décrits dans *Interminables Adolescences*, cette maturité tarde à venir... ou ne vient jamais. Anatrella a inventé pour les désigner un vocable nouveau, il les appelle les « adulescents ».

Quand on en rencontre et qu'on prend le temps de les connaître, on constate effectivement qu'ils ont des points de ressemblance avec nos « adolescents d'âge normal » en train de passer par la phase « veau » ou la phase « tigre » !

Pis encore, certains se sont enlisés dans une ornière qui cumule les inconvénients des deux et sont restés des « veaux-tigres » : l'horreur !

Si l'on analyse un peu leur comportement, on s'aperçoit très vite qu'il y a eu des ratages importants dans leur éducation et que ces loupés correspondent bien à des « fondamentaux du développement de leur personnalité ou de la socialisation de leur personne ».

C'est la raison pour laquelle nous avons traité ces deux champs d'action éducative en priorité : ce sont des points d'ancrage *obligés*.

Pourtant, l'expérience montre que, s'ils sont nécessaires, ces six fondamentaux ne sont pas suffisants pour permettre à l'enfant devenu adolescent puis adulte d'embarquer dans ce que j'appelle la « fusée du bonheur ».

La conquête du bonheur requiert quelque chose d'essentiel, qui est d'un autre ordre : avoir trouvé un sens profond à toute sa vie. Avoir trouvé implique d'avoir cherché, c'est évident, mais encore faut-il chercher là où l'on a des chances de trouver : on ne pêche pas de carpes dans les torrents de montagne, pas plus qu'on ne trouve de truffes dans les champs de maïs.

Une première intuition : **on est heureux quand on aime.** Une deuxième intuition : **on ne saurait aimer ce qu'on ne connaît pas.**

Alors, quels sont les champs de la connaissance humaine ? Ils sont évidemment en nombre considérable, mais il y a une façon très simple de les regrouper en trois grands domaines.

Dessinons pour cela schématiquement un être humain, les deux pieds solidement campés sur le sol. Ce sol symbolise le monde où l'être humain est installé, et la Terre (autre manière de désigner le sol !).

— Au même niveau que lui, cet être humain constatera qu'il a des semblables, c'est-à-dire des myriades d'autres êtres humains qui constituent la société humaine, dont nous savons par expérience qu'elle peut être dure, sauvage, barbare, et qu'il nous arrive même de détester. Mais nous pouvons apprendre à la connaître par l'histoire, la philosophie, les sciences humaines, etc., et elle recèle en son sein des personnes que nous pouvons peut-être aimer. Quand amour rime avec toujours, incontestablement il y a là une source possible de bonheur. Et cela donne un sens à la vie.

— Mais jetons un coup d'œil au-dessous de cet être humain. L'Univers, nous l'expérimentons parfois durement, est soumis à des lois inflexibles, biologiques, chimiques, physiques, etc., que nous pouvons apprendre à connaître par les sciences de la matière, de la terre et de la vie, par la physique allant de l'infiniment grand à l'infiniment petit. Et nous pouvons en partie l'humaniser, c'est-à-dire le rendre plus habitable pour l'homme, moins dangereux.

N'est-il pas merveilleux de nous dire que, petits bipèdes singuliers que nous sommes, nous humanisons cet univers ? N'y a-t-il pas, dans cette activité spécifique à l'homme qu'on appelle le travail, une grande noblesse qui mérite que l'homme s'y attache, qu'il « aime » son travail ?

— Maintenant regardons au-dessus de nous. Pourquoi ? direz-vous. Tout simplement parce que, dans sa recherche sur l'être humain, l'homme ne peut manquer de se poser un certain nombre de questions, cruciales, lancinantes, auxquelles il ne trouve pas de réponses par le seul usage de sa raison.

Sa raison pose les questions mais ne donne pas de réponses qui permettent justement d'être heureux.

Première question : Est-ce que la mort met fin à ma personne ? Et à ceux que j'aime ? Qui peut éviter d'être rattrapé par cette interrogation, même s'il fait tout pour éviter d'y penser ?

Deuxième question : D'où provient l'être humain ? Est-il vraiment le produit d'une évolution qui n'a, je l'affirme sans aucun état d'âme, aucun début de preuve scientifique (foi de... scientifique !) ?

Troisième question : D'où vient que nous puissions aimer le bien et également non seulement subir, mais commettre le mal ? Et même faire du mal à ceux que nous aimons ?

Impossible de ne pas se poser la question de celui que les philosophes appellent parfois la « cause première » et que les traditions religieuses appellent dieu, dieux ou Dieu. Rationnellement, on devrait éliminer les minuscules car la « cause première » ne peut être désignée autrement que par Dieu avec une majuscule, car sinon, elle ne serait pas première[1].

La raison nous permet d'envisager l'existence d'un Dieu unique parfait et d'essayer de chercher à savoir qui Il est. S'Il répond de façon satisfaisante à nos questions, peut-être pourrons-nous L'aimer ? Surtout si nous découvrons que Lui nous aime. Et alors, ce serait le bonheur !

Ainsi, nous aurons identifié **les trois étages de la « fusée du bonheur » : le travail, l'amour du semblable et l'amour de Dieu.**

---

1. Ceux qui ont la tête à la philosophie pourront lire la « démonstration rationnelle » faite par le philosophe Henri Hude dans son livre *Prolégomènes*. Qu'ils sachent simplement que cela se lit lentement : ce n'est pas un roman policier ! Mais c'est remarquable.

Nous allons creuser ces trois aspects du sens de la vie, de façon à pouvoir les proposer à nos jeunes.

Le sociologue, scientifiquement sérieux, est bien obligé de constater, pêle-mêle, que le suicide touche des adolescents de plus en plus jeunes, que le préservatif ne fait pas le bonheur, que la violence est omniprésente, que la dérision n'est pas la joie, que le plaisir n'est pas toujours le bonheur... et que les sectes de toutes sortes font leurs choux gras de cette absence de sens de la vie.

Dans ces trois nouveaux fondamentaux de l'action éducative, le conditionnement s'estompe pour être peu à peu remplacé par une adhésion de plus en plus forte à un objectif qui ne peut manquer d'attirer : un chemin de bonheur.

SEPTIÈME FONDAMENTAL

Le travail peut-il donner un sens à la vie ?

Un point de vue qui change

Le travail est une éducation. Nous en avons déjà plusieurs fois parlé d'une façon implicite. En fait, l'enfant développé et socialisé a déjà une expérience du travail. Pour acquérir des compétences, il a dû passer par des apprentissages parfois laborieux et « vingt fois sur le métier » remettre son ouvrage.

Tout apprentissage est un travail et y prépare. Le dicton populaire « C'est en forgeant qu'on devient forgeron » exprime cette solide vérité.

Mais le mobile, la motivation, n'est pas le bonheur : il s'agit de prendre confiance en soi en acquérant une valeur, scolaire, technique, artistique, sportive, professionnelle...

C'est ce travail qui a permis à l'enfant d'accéder à une réelle autonomie, qui a renforcé sa sécurité psychologique, qui lui a permis de contribuer au bien commun.

Il a rencontré des contraintes, inévitablement, et fait la connaissance de l'autre, maître d'école ou d'apprentissage, condisciples ou collègues ; il a dû mettre en œuvre des vertus morales : patience, persévérance, humilité.

Comme l'a dit saint Thomas d'Aquin, et d'autres après lui, le travail est une activité ardue, exigeante. « Tu gagneras ton pain à la sueur de ton front », dit la Genèse (ch. 3). Le travail ne serait-il donc qu'une punition inévitable à cause de la nécessité de pourvoir à sa subsistance ? Un besoin auquel on ne peut échapper (d'où le terme de « besogne »), entraînant la fatigue (premier sens du mot latin *labor*, qui a donné « labeur » et « laborieux »), bref tout, sauf la joie ?

Dans le premier chapitre de la Genèse, l'homme et la femme, créés à l'image de Dieu, reçoivent comme consigne : « Soyez féconds, multipliez-vous, emplissez-la terre et *soumettez-la.* » On peut dire, compte tenu du contexte, qu'il s'agit d'une incitation au travail, mais à un travail qui est une activité de seigneur, ni nécessaire pour subsister, ni fatigante. C'est le prolongement de l'« œuvre » de Dieu, qui est la création, l'aménagement de la terre qui est son « ouvrage ».

Le travail est bien une activité spécifiquement humaine, qui consiste à prolonger l'œuvre de Dieu en humanisant son ouvrage. Avant le péché originel, cette activité n'est donc ni une nécessité vitale ni une fatigue, mais une activité de seigneur pour cette créature faite à l'image de Dieu.

Le péché originel ne lui retire pas cette dimension, mais il l'alourdit du poids de la nécessité et de la fatigue. Dans les deux chapitres précédents, nous avions abordé le travail sous l'angle de la nécessité et de la difficulté, ce qui est, au demeurant, utile pour « construire » une personne adulte et responsable.

Il faut cependant restituer au travail sa qualité d'activité pleine de noblesse, qui grandit l'homme : l'histoire, la géographie humaine, l'art et la culture, l'instruction, la santé, l'aménagement des territoires, l'industrie, le commerce, etc., tout témoigne de cette activité de l'homme, qui déploie son intelligence et sa volonté pour aménager le monde dans lequel il vit. C'est aussi une activité écologique, au sens d'une écologie humaine ; l'homme aménage son milieu pour ne pas disparaître comme les espèces animales, incapables de s'adapter au changement de leur environnement. Cette écologie humaine doit respecter la planète et ses grands équilibres des règnes minéral, végétal et animal. Déjà au XVIe siècle, le savant anglais Francis Bacon disait : « On ne domine la nature qu'en lui obéissant. » Il soulignait ainsi que **pour dominer la création, pour l'humaniser, il faut apprendre à la connaître et la respecter.**

L'idéologie « économiste », qui fait de l'argent une fin et non un moyen, produit trop souvent, hélas, un véritable dévoiement des activités productrices, agricoles et industrielles, les incite à croître aveuglement et brutalement au détriment de l'avenir de la planète. Cette idéologie a donc entraîné, par réaction, la naissance d'une idéologie « écologiste », qui produit des excès non moins nuisibles à l'humanité. En effet, pour certains, l'homme est un prédateur dont la disparition n'aurait aucun caractère catastrophique... – si, du moins, elle arrivait – quand eux ne seront plus de ce monde !

Pour nous, vivent l'économie et l'écologie résolument au service de l'homme ! C'est plus exigeant, mais c'est plus sain. Une saine écologie devient alors un travail au sens noble du terme, mais également aux deux sens incontournables de difficulté laborieuse et de nécessité vitale.

Le travail n'est pas toujours lié à l'économie marchande et la rémunération du travail n'est pas ce qui lui confère ou lui ôte sa noblesse. On peut avoir un travail très lucratif, mais déshumanisant pour le travailleur ou déshumanisant en raison de ce qu'il produit. Et on peut avoir un travail bénévole ou non rémunéré (celui de la mère au foyer), dont le caractère humanisant n'est pas discutable.

Discerner les biens et services utiles de ceux qui sont nuisibles

Si la technique, en soi, ne peut faire l'objet d'un jugement moral, il n'en est évidemment pas de même de l'usage qu'on en fait. Le travail use de techniques qui, depuis les débuts de l'humanité, ne cessent de se perfectionner. Le travail humain les apprivoise en général assez rapidement. Comme on dit, on n'arrête pas le progrès. Oui, mais quel progrès ?

La science chimique se concrétise en techniques chimiques, qui permettent aussi bien de synthétiser des substances actives vis-à-vis de toutes sortes de maladies que de fabriquer de l'héroïne, de l'ecstasy ou du LSD. Et on peut trouver des exemples analogues pour toutes les techniques biologiques, physiques, qui continuent de se développer et permettent de fournir de nouveaux produits, biens et services.

Les sciences humaines également se sont diversifiées et fournissent de multiples services. On trouve dans ces produits, biens et services, de quoi faciliter la vie de l'homme et de quoi la détruire, de quoi faire grandir l'homme moralement et spirituellement et de quoi l'avilir. Une arme peut servir à agresser comme à se défendre contre un agresseur.

Ce qui donne potentiellement un sens à la vie dans le travail, c'est l'humanisation du cosmos par l'œuvre accomplie. Or l'œuvre peut humaniser ou déshumaniser, et cela mérite un discernement approfondi.

Un autre domaine sensible est celui des moyens modernes dits de communication, qui fournissent – tous azimuts – des informations, des spectacles, des images et des sons. Ceux qui en vivent n'ont pour le moment jamais accepté de créer eux-mêmes un « Ordre des médias », comme il y a un Ordre des médecins ou des avocats, pour opérer un tri sur des critères moraux, et il faudrait que les chefs de file du monde médiatique se préoccupent eux-mêmes de vérifier que leurs produits n'avilissent pas la jeunesse.

Je ne prétends pas que la solution à donner soit facile à trouver ou à mettre en œuvre, mais la question est posée.

Les domaines de travail ne sont pas tous aussi sensibles. Il existe toutes sortes d'œuvres, biens ou services, dont personne ne peut nier qu'elles facilitent la vie des humains, sans poser par elles-mêmes de problème moral.

Quand les enfants entendent leurs parents qui partent au travail répondre à la question « Comment ça va ? » par le traditionnel « Comme un lundi ! », cela peut se traduire pour eux par : travail = galère.

À l'opposé, **ceux qui produisent de la beauté, de quelque manière que ce soit, qui embellissent donc notre planète par leur art, trouvent sens à leur vie,** à condition, pour les moins confiants en eux, qu'ils soient reconnus. Nous avons tous connu des personnes qui n'ont jamais fait fortune et qui étaient heureuses de travailler, peut-être parce qu'elles avaient, consciemment ou non, la fierté d'être des « créateurs », peut-être parce qu'elles avaient la réelle passion d'améliorer toujours la qualité de leur production. Toujours perfectionnistes, jamais complètement satisfaites d'elles-mêmes, mais quand même fières de l'œuvre qu'elles pouvaient contempler et faire contempler.

J'ai pris l'exemple des œuvres que l'on voit, mais j'aurais pu parler de celles qu'on écoute, des compositions que l'on sent, des matériaux que l'on touche et... des petits plats que l'on déguste. Tous les sens peuvent donner lieu à un travail créatif, à la production d'œuvres, qui améliorent le cadre de notre vie par les facilités qu'elles nous donnent ou les agréments qu'elles nous procurent.

L'homme n'est pas un pur esprit, même s'il trouve à sa vie un sens supérieur dans l'amour de son semblable et dans celui du Tout-autre, il a besoin de dominer autant que faire se peut ce cosmos et de s'aménager un cadre plaisant.

Il est important que les éducateurs montrent aux éduqués la nécessité d'une cohérence dans la

vie ; il n'y a pas d'un côté la vie professionnelle, d'un autre la vie sociale, d'un troisième la vie privée, d'un quatrième la vie religieuse, etc.

En conséquence, comme la construction de la personnalité et la socialisation de la personne ont déjà fait appel à des vertus morales, que la vie morale elle-même sera une condition nécessaire à l'amour vrai, il est bien normal que la production d'une œuvre, qui va échapper au contrôle de celui qui y a travaillé, soit soumise à un jugement moral : l'évolution actuelle du monde économique atteste qu'un tel langage n'est pas ringard.

D'où vient alors que des travailleurs dont l'activité aboutit à une œuvre utile, voire belle, puissent tant souffrir au travail ?

Perception de l'œuvre, participation à la qualité, reconnaissance

Pour que le travailleur puisse être fier de son travail, encore faut-il qu'il connaisse l'œuvre à laquelle il contribue. Cela paraît évident, mais, dans la réalité, cela peut n'être absolument pas le cas. Vous connaissez probablement l'histoire des trois tailleurs de pierre du XIIIe siècle.

Un passant demande au premier ce qu'il fait. Réponse : « Je taille une pierre selon tel modèle. » À la même question, le deuxième répond : « Je participe à la construction de ce pilier. » Quant au troisième, il affirme : « Je construis la cathédrale de cette ville. »

Prenons deux exemples dans l'industrie moderne, l'un dans la chimie, l'autre dans l'électronique. Premier cas, dans les usines où l'on fabrique des produits en vrac, eux-mêmes transformés dans des endroits différents, les ouvriers et les ouvrières de la fabrication n'ont aucune perception de l'œuvre finale. C'est exactement la même chose dans le deuxième cas, quand on produit des composants qui sont assemblés ailleurs avec des dizaines d'autres composants venus parfois du monde entier. Et cela ne peut avoir qu'un effet profond de démotivation, même si les enfants de ces mêmes ouvriers et ouvrières ont pu, grâce au travail de leurs parents, se faire offrir une calculette à programmation complexe. Mais cette démotivation ne touche pas seulement la population ouvrière...

Quel que soit le travail effectué, il est capital de connaître l'œuvre finale, celle que le consommateur achètera... ou boudera, et de connaître la place que tient dans sa réalisation le travail ou la mission que l'on a en charge. Il est essentiel de pouvoir participer à l'amélioration de l'œuvre finale en étant associé au perfectionnement de son propre travail. En ce sens, il est impératif que, dans *tous* les secteurs professionnels, *tous* les acteurs soient associés à la qualité de l'œuvre.

Mon propos n'est pas de traiter ici cette question qui relève du management, mais de montrer qu'il faut préparer les jeunes à ce souci de qualité en le requérant d'abord à la maison, dans le jeu, le bricolage, la cuisine ou la pâtisserie, l'entretien des affaires et du logement, etc. Cela les aidera à mieux s'intégrer dans la vie professionnelle, à revendiquer plus habilement leur participation, à montrer une créativité qu'ils auront appris à mettre en œuvre, bref à être heureux au travail !

L'importance du travail manuel dans l'éducation

Pour l'enfant, ce qui est immédiatement perceptible dans cette démarche de la qualité, c'est ce qui est relatif au travail manuel, parce que cela se voit.

Ce travail manuel peut avoir des objectifs artistiques (dessin, peinture, modelage), des objectifs pratiques (bricolage, cuisine, couture...) ou même des objectifs scolaires (importance de l'écriture).

Le travail manuel est, par sa nature, très éducatif, d'abord parce que la matière a ses lois, auxquelles on est bien obligé de se plier. Dans tous les domaines de son utilisation, la matière impose la prise en compte de ses caractéristiques, ce qui n'empêchera pas la créativité mais l'encadrera : on ne fait pas la même chose avec du bois, du métal, du papier, du tissu... ; en outre, on choisit, pour telle réalisation, un type particulier de bois, de métal, de papier, de tissu...

Un travailleur manuel accompli peut être fier de sa compétence, mais il n'est jamais orgueilleux dans le travail car il a appris l'humilité de cette obéissance à la matière, tout au long de sa vie et notamment dès les premiers apprentissages.

Le travail manuel est indispensable à l'être humain pour l'équilibre de sa personnalité. On sait l'usage qui en est fait comme élément de thérapie pour certaines maladies du psychisme. Quand on

« fait », qu'on s'attache à ce qu'on fait, qu'on améliore, perfectionne, embellit, on est à fond dans le réel et cela protège des fantasmes, des idées noires, des délires.

De façon analogue, la fréquentation du règne végétal impose d'avoir la main verte. Les plantes nous rappellent très vite à nos devoirs envers elles, exposition, humidité, température, nourriture, faute de quoi elles s'étiolent et meurent.

De même, si l'enfant a une relation affective avec un animal, il ne doit pas oublier que celui-ci a des exigences auxquelles il faut répondre : sommeil, boisson, nourriture, exercice physique, propreté, etc.

Les besoins matériels et biologiques de la personne nécessitent la même attention humble que celle qu'exige la matière dans le travail manuel.

Il y a un côté pervers dans le mépris que témoigne trop souvent notre société à l'égard du travail manuel et, par extension, à l'égard de l'attention humble et de l'effort qui sont nécessaires pour que, *pratiquement*, l'homme vive bien. Rendre la vie pratique est une forme d'intelligence éminemment respectable et d'une certaine façon prioritaire, car, comme le disait la sagesse populaire antique, *primum vivere* : il faut d'abord vivre.

Le travail pratique a donc le mérite de permettre à celui qui l'exerce d'être facilement conscient de son utilité. Il a aussi le mérite de révéler chez nos enfants toutes sortes de dons, que l'école ne décèlera pas forcément, si ce n'est à la maternelle. Dommage qu'ensuite la grande école oublie souvent la dimension pratique des apprentissages au profit du travail intellectuel. Il s'ensuit une survalorisation de l'intelligence abstraite en regard de l'intelligence concrète et une dévalorisation du travail manuel, ce qui favorise souvent la piètre reconnaissance du travailleur manuel.

Parents et éducateurs, n'adoptez pas cette attitude, qui a toutes sortes de retombées négatives, à commencer par ce qui nous occupe maintenant : faire le malheur de certains jeunes qui auraient trouvé un sens à leur vie dans le travail manuel et qui en sont détournés par le collège unique, avec tout le cortège des conséquences : drogue, suicide, violence, vandalisme, haine.

Un jour où je passais en direct à une télévision locale, un téléspectateur a téléphoné – c'était la règle du jeu de l'émission – pour s'inscrire en faux contre mes propos, m'accusant de dénigrer l'école, la formation intellectuelle, etc. À l'époque, je dirigeais l'École supérieure de chimie industrielle de Lyon et j'encourageais les élèves qui en avaient le profil à se préparer à un début de carrière de chercheur en poursuivant jusqu'au doctorat, c'est-à-dire bac + 8. Et cette filière, de haut niveau intellectuel, concernait un tiers des élèves. J'étais donc assez à l'aise pour faire remarquer à mon interlocuteur qu'il était en train de me faire un procès d'intention. D'ailleurs, de nombreux chimistes ou physiciens que j'ai pu côtoyer, prix Nobel ou nobélisables, sont très habiles de leurs mains, ils réalisent eux-mêmes des montages pour conduire des expériences nouvelles, bref, ils sont d'autant plus intelligents qu'ils sont à la fois concrets et capables de conceptualiser.

À l'opposé, je connais certains intellectuels « purs », et leur nombre n'est pas négligeable, qui ne sont pas heureux dans leur travail.

Quand le travail intellectuel ne donne pas ou ne donne plus de sens à la vie

Le travail intellectuel a un côté séduisant, car il y a en l'homme un désir légitime d'exercer son rôle de « seigneur » sur le cosmos et pour cela de comprendre comment il fonctionne. Pour certains, l'intelligence pratique paraît suffisante, et ils vont trouver dans la transmission par les « anciens » et dans leur propre expérience de quoi la nourrir en vue de l'appliquer et, ce faisant, de se sentir utiles et fiers de leur œuvre.

Mais pour d'autres, la curiosité intellectuelle est telle qu'elle ne se satisfait pas d'en rester là. Il est vrai qu'une question appelle une réponse, mais que la réponse ouvre toujours le champ à de nouvelles questions. Certains rentrent alors dans un processus de questions-réponses indéfiniment poursuivi. Quelle en est la finalité ? Une satisfaction accordée à leur tempérament de curieux ? Certainement.

Mais il peut s'y ajouter une forme d'orgueil : « Je sais ce que les autres ne savent pas. » Un désir de domination : « Le savoir conduit au pouvoir. »

Supposons qu'il n'y ait pas d'arrière-pensées orgueilleuses ou dominatrices. J'ai connu des « curieux intellectuels » qui étaient vaccinés contre cette tentation par une solide éducation morale et spirituelle. Mais certains n'avaient pas échappé au danger de ne plus voir de finalité à leur activité en dehors d'eux-mêmes. Ils tournaient en rond et se regardaient le nombril. Ce peut être le cas de certains chercheurs qui, au dire des mauvaises langues, ne se préoccupent plus vraiment de trouver. C'est le cas de certains informaticiens, qui ont le chic pour transformer l'étude qu'on leur a confiée afin de répondre à un *besoin* en une étude beaucoup plus sophistiquée qui flatte leur désir de faire nouveau et compliqué ! Certains enseignants également se passionnent pour les sciences de l'éducation, mais sans se soucier qu'il en sorte des méthodes qui aident réellement les enfants à apprendre mieux, plus facilement et plus durablement.

Le drame intérieur qui guette bon nombre de ces personnes est une usure, une démotivation progressive, voire une prise de conscience tellement brutale à un moment donné – « Je n'ai pas servi à grand-chose » – qu'elle peut les conduire à la dépression, au suicide ou à une rupture violente avec leur milieu de vie.

Le travail intellectuel peut garder un sens, même s'il n'est pas immédiatement applicable à la transformation du monde matériel, à condition que celui qui l'exerce puisse se sentir reconnu. Ce sera le cas si ceux qui sont en aval, et qui butent sur des problèmes nécessitant un effort théorique, pensent à les confier en amont aux chercheurs.

Et puis, évidemment, il y a le cas de tous les intellectuels qui approfondissent les questions que se posent les hommes sur la vie sociale, le bonheur, l'amour, sur la vie morale, sur la vie spirituelle. Leur travail aide les hommes à se transformer eux-mêmes.

Pour conclure

Le travail permet à l'homme de se connaître, de développer sa personnalité, de gagner en confiance, en sécurité psychologique et en autonomie. Il permet également de contribuer au bien commun, ce qui n'est que justice de la part de celui qui est tributaire de la société. Le travail est également un élément de notre vie qui lui donne un sens quand il peut être perçu par le travailleur comme une action contribuant à l'humanisation du monde concret dans lequel nous vivons.

C'est pourquoi les éducateurs ont le devoir de vanter l'importance du travail et de témoigner de ce que le travail a apporté à leur vie.

HUITIÈME FONDAMENTAL

L'amitié, l'amour vrai donnent un sens à la vie

Personne ne peut être forcé à aimer

Même Dieu, disent les chrétiens, ne nous forcera jamais à L'aimer. *A fortiori*, un être humain ne peut obliger personne à aimer. Cela ne doit pas nous bloquer dans notre réflexion, puisque l'éducation n'est qu'un conditionnement qui s'appuie sur le libre arbitre de l'éduqué, mais également s'y heurte.

Quand nous avons abordé le sens de la vie, nous avons convenu que nous entrions dans un domaine de proposition et de transmission où le conditionnement s'estompe pour faire appel à une vocation, présente chez toute personne : la vocation au bonheur. Le bonheur attire par essence, encore faut-il créer les conditions pour que cela ne soit pas masqué.

Ces conditions créées sont un conditionnement doux pour attirer vers le bonheur. Et, nous l'avons exprimé, le bonheur, c'est d'aimer quelque chose – le travail par exemple – ou quelqu'un, car cela en vaut la peine.

La société de consommation, qui est la même que la société « dépressive », nous démontre que les biens et services ne constituent pas en eux-mêmes une source de bonheur. En revanche, certains manques, dus au coût, à la rareté, à des imperfections, rendent la vie difficile. C'est pourquoi nous avons fait l'éloge du travail, qui humanise notre cadre de vie.

Mais si le travail humanise, c'est qu'il s'exerce dans un monde d'hommes, d'où le problème des relations entre eux. Nous avons déjà abordé cette question en parlant de l'autorité et du pouvoir, des contrats moraux ou juridiques qui règlent les échanges dans la société, et plus encore en évoquant la relation éducateur/éduqué. Et nous avons rappelé avec force que le fondement solide de cette relation c'est l'amour vrai.

Donnons à notre propos une dimension universelle. **La qualité de cette relation, notamment celle de la relation parents-enfants, risque de peser d'un poids très lourd sur la capacité d'aimer de l'adulte, en puissance dans l'enfant.** Mais, là encore, pas de déterminisme : j'ai en tête suffisamment de cas où la rencontre d'une personne qui rayonne d'amour peut changer toute une vie.

Rappelons également qu'**il est nécessaire de s'aimer tel qu'on est, sans négliger de progresser, pour pouvoir aimer l'autre tel qu'il est.**

La socialisation de la personne aide à percevoir que l'autre, grâce à sa différence, enrichit toute la société et donc m'enrichit moi-même. Mais cette perception peut induire la tentation de « capter » l'autre, de s'en emparer, de s'en servir... tant qu'il m'enrichit, et donc de le jeter comme un Kleenex quand j'en ai tiré tout ce que je voulais.

J'aborderai le cas particulier de l'amour d'un homme pour une femme (et vice versa), bien que la question de l'amour soit beaucoup plus générale.

L'amour dans le couple revêt cependant une importance considérable, parce qu'il est à l'origine, dans la majorité des cas, du don de la vie.

Certains, pour éviter la confusion, parlent de ce besoin d'« amour d'amitié » si essentiel à l'homme et réservent le terme « amour » au lien qui unit le couple. Dans notre société ex-chrétienne, on parle encore de l'amour du prochain, qui concerne potentiellement toutes les relations interpersonnelles. Je vais donc employer simplement le verbe *aimer* et le substantif *amour*, tout en évoquant des circonstances et des conditions très diverses, c'est-à-dire les relations familiales, amicales et maritales.

Nous commencerons cette réflexion en essayant de déblayer le terrain des malentendus profonds qui faussent la perception de l'amour vrai.

L'amour n'est pas réductible au plaisir que l'aimé(e) peut nous donner

L'homme, nous l'avons dit, n'est pas un pur esprit. Esprit, il l'est, mais corps également. Et notre âme sensible, qui ressent les événements et les émotions concomitantes, est un peu le tampon entre cet esprit doté de libre arbitre, doué d'une intelligence raisonnable et d'une volonté, et ce corps conditionné et informé par les cinq sens. Mais il faut bien faire avec !

Nos sens peuvent nous faire parvenir des informations sur l'autre, codées du fait de notre mémoire, en termes de plaisir ou de déplaisir. Il s'agit bien des sens, donc : sa vue, sa voix, son odeur (ou son parfum), son contact, son goût (quand j'embrasse), me plaisent ou me déplaisent. Ce n'est que cela, mais c'est une réalité, qui peut induire une attirance ou une répulsion, que l'éducation aidera à prendre en compte, quitte à s'en méfier, quitte à la surmonter.

La personne humaine ne se réduit cependant pas à ce qu'en appréhendent nos sens ; elle témoigne, à un niveau plus élevé, de sentiments.

Remarquons pourtant le poids gigantesque que fait peser la société de consommation sur la personne humaine, parce qu'il y a un marché juteux à exploiter, en imposant des modèles, des standards, des modes, qui conditionnent de façon dramatique les plus influençables. Pas question, pour les uns, de ne pas être grand(e), mince, bronzé(e), séduisant(e), ni, pour les autres, d'avoir des cheveux blancs ou une calvitie, un nez trop long ou trop large. Et *tutti quanti*.

Quand j'étais petit, ma grand-mère me disait : « Jamais nez n'a déparé beauté », mais les progrès de la chirurgie plastique n'avaient pas encore ouvert la porte à un créneau lucratif. Aujourd'hui, le marché est immense et les créneaux sont multiples, compte tenu à la fois des parties du corps et de la diversité des techniques [1].

Ce qui est également à remarquer, c'est que la publicité pour les autres produits de consommation, qui n'ont pas de relation directe et évidente avec notre corps, utilise les images les plus sensuelles pour

1. Chirurgie, diététique, parfumerie, cosmétique, parapharmacie, habillement, esthétique. La structure des dépenses a évolué de façon très significative depuis trente ans. Et malgré les progrès de la médecine, des maladies font des percées spectaculaires, le cancer de la peau par exemple.

faire acheter un téléphone portable ou une voiture, ou un paquet de café.

Enfin, constatons qu'un tout-petit en train de jouer sans regarder la série qui passe à la télévision se tourne vers l'écran dès qu'il y a l'indicatif de la « pub » et se gave de ses images, de sa musique et, inconsciemment, de sa sensualité, d'une beauté artistique souvent indiscutable.

Ce conditionnement risque d'embarquer sur des voies destructrices une personne influençable ne possédant pas le patrimoine génétique qui la dispose à ressembler aux canons de la mode :

— puisque je ne peux attirer par ma beauté, je vais essayer d'attirer par une apparente sensualité, suggérée par mon « look ». Pensez au nombre d'adolescentes qui se donnent une apparence « mauvais genre », et attirent donc les mâles qui ne veulent qu'en tirer du plaisir ou se font violer ;

— dès que j'en aurai les moyens, je dépenserai ce qu'il faut pour me rapprocher des canons de la beauté télévisuelle, de la photo de mode. Avec les risques de surendettement, voire de prostitution, etc. ;

— mon cas est désespéré, les régimes me minent, la déprime devient permanente. Avec les risques d'anorexie suicidaire ou de boulimie-compensation que cela comporte.

Le rôle de l'éducateur est important pour mettre le corps à sa vraie place : celui d'un bon serviteur qui mérite une hygiène de vie, et non celui d'une image chargée de révéler la personnalité.

8

Il ne s'agit ni de nier le rôle des sens, ni de rejeter le plaisir, qui est une réalité humaine. Il s'agit de mettre les choses dans l'ordre, en haut l'esprit, au milieu l'âme sensible, en bas le corps. Cela nous amène à parler de l'âme sensible au regard de l'amour.

L'amour n'est pas réductible aux sentiments inspirés par l'aimé(e)

Les émotions sont instantanées. Non maîtrisées, elles peuvent provoquer des pulsions dangereuses d'agression (viol, meurtre, etc.). Maîtrisées, elles peuvent engendrer un « ressenti » plus profond et plus durable, qui va affecter notre âme sensible. Celle-ci va nourrir des sentiments, se nourrir d'un « affectif » que nous pourrons éventuellement rejeter, canaliser ou laisser envahir toute notre vie ; gaieté ou tristesse, sympathie ou antipathie, tendresse ou sécheresse, crainte, espoir, colère, la liste n'est pas exhaustive.

La mémoire joue également un rôle dans l'élaboration de ma vie affective, car je peux avoir été blessé ou comblé dans mes sentiments : mon âme sensible se rappelle ce qui l'a affectée. Comme dit la sagesse populaire : « Chat échaudé craint l'eau froide ! »

Dans l'amour humain, les sentiments sont toujours présents. Il n'y a qu'à voir la joie ou la tristesse se peindre sur le visage de l'autre quand l'aimé(e) a dit, a fait, a subi quelque chose qui le touche.

De même qu'il y a attirance, indifférence ou répulsion physique, il y a attirance, indifférence ou répulsion sentimentale, affective. Notre âme sensible réagit à ce qu'elle ressent venir de l'âme sensible de l'autre. Comme dit encore Pascal, dans les *Pensées* : « Le cœur a ses raisons que la raison ne connaît pas. »

Mais attention, l'affectif est fragile, notre cœur peut être blessé pour avoir imaginé ce qui n'était pas, et ce en positif comme en négatif. Nous pouvons nous croire délaissé ou rejeté, nous pouvons nous croire aimé, alors que ce n'est pas la réalité.

Un éducateur de mon lycée disait : « Il faut avoir le cœur sur la main... et la main sur le cœur. » Il accompagnait sa phrase du geste. En recouvrant sa main gauche sur laquelle il était supposé avoir mis son cœur (pour signifier qu'il était prêt à aimer), il montrait que ce cœur doit être protégé, pas donné à tort et à travers mais prudemment, car il est fragile. L'autre peut avoir fait un numéro de séduction pour me capter et non pour offrir sa personne.

Mes propres sentiments envers l'autre vont-ils résister à sa demande d'une offre beaucoup plus exigeante qu'une sympathie, qui n'engage pas vraiment ? Si le plaisir est fugace, les sentiments ne le sont-ils pas également, même s'ils durent davantage ? Dans la vie sentimentale, l'autre passe-t-il avant moi ? Est-ce que je ne recherche pas, pour moi, cette douceur d'être aimé qui me comble ?

La vie affective est une réalité, mais une réalité changeante. Elle est tributaire de notre imaginaire et de l'image que l'autre cherche, consciemment ou inconsciemment, à nous donner de lui. **Se fonder sur les sentiments pour aimer est à la fois imprudent et inconséquent.**

Inconséquent puisque l'affectif ne pèse pas les conséquences d'un lien d'amitié, d'amour, c'est-à-dire de l'importance du don. Comme disait Thérèse de Lisieux, « aimer, c'est *tout* donner et *se* donner soi-même ».

L'amour vrai exige de moi un don – que je me donne – avec ce que cela comporte de gratuité ; on n'est plus dans l'ordre du donnant-donnant, on va beaucoup plus loin. En outre, amour rime avec toujours. Entendons par là qu'il y a, dans l'amour vrai, une nécessité de durer ; or nos sentiments sont fluctuants.

C'est donc tout cela que l'éducateur va devoir faire comprendre peu à peu à l'enfant, en utilisant précisément les premières déceptions, les premiers chagrins causés par l'autre, mais aussi en lui faisant voir les dégâts liés à ses propres défaillances, ses propres trahisons.

Et comme toujours, c'est l'exemple qui donne force à l'explication. L'éducateur, en montrant que son amour pour l'éduqué est capable de dépasser la peine que celui-ci lui a causée, lui fait comprendre que l'amour n'est pas réductible aux seuls sentiments affectueux. S'il l'était, il ne résisterait pas aux sentiments de tristesse ou de colère engendrés par la trahison ou les faiblesses de l'enfant.

Notre époque nous conditionne à la sensualité. Mais, parallèlement, elle nous fait vivre dans un affectif permanent et « sirupeux ». On déborde de sentiments, de « bons sentiments », mais à condition que cela ne gêne pas. On se préoccupe du sida, des sans-papiers, on soutient en paroles toutes les grandes causes humanitaires, on verse des pleurs sur les bébés phoques et les petits chiens abandonnés, mais on ne visite que rarement, pour certains, ses vieux parents, on conduit en état d'ébriété, on bouscule les passants.

Individualisme et violence règnent dans notre société, où recherche du plaisir et culte de l'affectif sont portés au pinacle. Il y a une cohérence, au sens des conséquences inéluctables de notre « désordre » mental, une sorte de cohérence dans l'incohérence. « Quand on crache en l'air en l'absence de vent, cela vous retombe sur la figure ! »

Discernement et volonté dans le don de soi

L'enfant est tout à fait capable de percevoir ce qu'est l'égoïsme parce qu'il en sera tôt ou tard la victime. La vie sociale, dès ses débuts, dans la famille, à la maternelle ou chez les autres, va lui apprendre que l'égoïsme existe et que se confronter à lui est souvent douloureux. Il pourra donc très vite intégrer que l'amour dont il a besoin amène l'autre à dompter ses intérêts égocentriques : amour et égoïsme sont contradictoires.

De là à lui faire comprendre que lui-même a besoin de réfréner son égoïsme pour aimer vraiment, la voie est toute tracée pour l'éducateur. L'enfant, dans la vie sociale, découvre l'autre, apprend à l'accepter, à le reconnaître. Il faut maintenant qu'il apprenne à l'aimer, ce qui est plus exigeant encore mais peut rapporter gros. Le gros rapport, c'est cette merveille susceptible d'embellir notre vie : l'amour.

Savoir que nous comptons pour l'autre, que nous pouvons compter sur lui particulièrement dans les mauvais moments, c'est-à-dire qu'il est capable de donner et de se donner gratuitement, sans attendre de retour, n'est-ce pas vital ? Pour s'en convaincre, il n'est que de constater les blessures causées par le manque d'amour.

Et tout de suite nous viennent à l'esprit des paroles de sagesse qui s'expriment à la fois dans le négatif et le positif. « Ne faites pas aux autres ce que vous ne voudriez pas que l'on vous fasse ; faites aux autres ce que vous voudriez que l'on vous fasse. »

L'enfant doit être incité à donner et à se donner pour découvrir la joie qu'il y a à donner et à se donner, joie encore supérieure à celle de recevoir.

Et cela, bien sûr, est un acte auquel on ne peut être contraint. Il fait appel au libre arbitre et celui-ci est lié aux deux outils caractérisant l'être humain : l'intelligence raisonnable et la volonté.

— L'intelligence est faite pour discerner ce qui est le bien de l'autre, ce qui est conforme au « mode d'emploi » de l'homme, pour éviter de prendre un chemin qui risque de le détruire, que ce soit physiquement, psychologiquement, moralement ou spirituellement.

— La volonté est faite pour que j'agisse dans la direction discernée par l'intelligence raisonnable, ce qui sera d'autant plus difficile... que je n'en aurai pas encore pris l'habitude !

« Charité bien ordonnée commence par soi-même », le même discernement me concerne et les mêmes exigences mobiliseront ma volonté. Comme dit Simone Weil dans *L'Enracinement*, si j'étais seul dans l'univers, je n'aurais plus de droits à faire valoir, mais j'aurais encore des devoirs envers moi-même, par exemple pour garder ma dignité de personne humaine.

L'amour vrai commence par le respect de la personne humaine, la nôtre et celle de l'autre, exige donc une connaissance de ce qu'est la personne (rôle de l'intelligence raisonnable) et la soumission aux exigences découvertes (rôle de la volonté).

La sentimentalité peut brouiller les cartes si elle devient dominante. Elle fera passer le fait de « ne pas faire de peine à l'autre », pour ne pas nous faire de peine à nous, avant les exigences du bien réel de l'autre.

Notre volonté doit donc maîtriser et ordonner nos sentiments pour les mettre au service du bien réel. Les sentiments bien ordonnés vont aider à faire passer le message parfois rude de la vérité.

La vérité sur ce qui est bien et sur ce qui est mal nous percute dans notre orgueil et notre égoïsme, mais il ne peut y avoir d'amour vrai sans cette opération de vérité.

Et nous retrouvons ce que nous avons dit dans notre première partie sur les liens entre éducation et morale. La morale est une condition de l'amour vrai. L'objectif, c'est le bonheur et donc l'amour. La morale n'est pas une fin, ce n'est qu'un moyen, mais un moyen incontournable parce qu'elle oblige au respect de soi et de l'autre.

Et nous rejoignons également ce que nous avons dit à propos de la justice dans la « contribution au bien commun ». On ne peut pas parler d'amour si on ne commence pas par être juste envers l'autre. Avant de lui donner un surcroît, il faut d'abord lui donner son dû.

Dans bien des cas, l'amoralisme actuel, la recherche forcenée du plaisir, le refus des interdits, même s'ils s'habillent d'un affectif sirupeux, d'une sensiblerie délirante, conduisent dans les faits à la violence, au suicide, à la déprime, à la dépendance aux drogues et alcools, au surendettement, bref à la « société dépressive » dans un climat de civilisation de mort.

Nous pouvons aborder le cas particulier de l'amour homme-femme, auquel l'enfant doit être préparé très tôt. Attendre l'adolescence est une grave erreur, c'est le plus mauvais moment pour aborder la question, car l'âge de l'adolescence est un âge de perturbations, à la fois inévitables et tout à fait gérables si un solide travail éducatif a été opéré auparavant. On ne peut vraiment pas en faire l'impasse sans risquer de graves mécomptes.

Les malentendus de la passion

« Je l'aimais trop, je l'ai tuée. »

Voilà comment un de mes éducateurs commençait son propos quand il voulait nous alerter sur la confusion entre amour et passion. L'état passionnel ne dispose pas l'âme à ce « top du don » qu'on appelle le pardon. Il prédispose plus au sentiment de haine, qui est l'envers du sentiment de l'amour. Mais la passion n'est-elle que sentiment ?

— Quand la relation entre un homme et une femme n'est que sentimentale, platonique, sans être consolidée par le haut (esprit), elle peut durer plus ou moins longtemps, elle a beaucoup de chances de s'user, mais le point final a toutes les raisons de rester lui-même au niveau des sentiments : de la tristesse, de la nostalgie et d'un peu de rancœur. Il n'y a eu ni ivresse des sens ni engagement de la volonté : celui qui s'éloigne ne peut être taxé de trahison.

— Quand la relation entre un homme et une femme n'est que charnelle, là encore, il y a peu de chances que la rupture soit tragique. Car après tout, c'est bien le diable si on ne retrouvera pas aussi bien, ou mieux, dans l'ordre de l'hygiène ou du plaisir.

— Le cas de la passion, que notre société nous dépeint comme la représentation de l'amour, est bien différent car il y a une synergie entre le sexe et les sentiments. Cette synergie se traduit par un prolongement dans le temps par rapport à la relation physique et par un enracinement dans la réalité charnelle de sentiments amoureux qui auraient pu continuer à « planer » dans l'imaginaire.

Là où une pure passade physique aurait duré quelques semaines et une pure relation sentimentale un à deux ans, la passion peut durer trois ans et plus, mais s'il n'y a pas le relais de l'amour vrai, fondé sur le don de soi, elle se terminera très probablement mal, au mieux dans les larmes, au pire dans le sang.

C'est que **les ingrédients de la passion sont fragiles, peut-être illusoires, sujets en tout cas à malentendu.** Dans la passion, on ne s'interroge pas, on brûle. On n'envisage pas l'avenir, on jouit du présent. On ne regarde pas l'autre tel qu'il est, on le voit tel qu'on voudrait qu'il soit. On est bien dans l'illusion. Cette illusion peut être la conséquence d'un aveuglement, c'est le cas le plus fréquent, mais elle peut être l'effet d'une tromperie délibérée de l'un des partenaires, qui dissimule son objectif purement charnel derrière un masque, celui de la séduction sentimentale.

Mais on ne peut écarter l'hypothèse de malentendus. Les deux peuvent tomber d'accord pour vivre la passion, mais l'un peut s'en faire une représentation où le charnel est prépondérant et l'autre une représentation où le sentiment est prépondérant. En outre, l'un peut nourrir l'espoir d'une « prolongation » et du débouché sur une union stable, alors que l'autre n'y pense même pas.

Enfin, la pression médiatico-artistique a réussi à ancrer l'idée que l'union stable ne peut être envisagée qu'après un « essai loyal » sans engagement dans la durée. **Or s'il n'y a pas d'engagement, cela veut dire que la raison n'a pas été consultée ni la volonté mobilisée.** On reste dans les deux niveaux inférieurs à celui de l'esprit, l'affectif et le charnel-sensuel.

Ces deux niveaux ne peuvent consolider une relation car, tous les jours, nous pouvons rencontrer des personnes attirantes physiquement et/ou affectivement. Si nous sommes attiré, c'est que nous y trouvons notre propre satisfaction, l'autre est en quelque sorte l'« objet » de notre agrément ; il peut donc être remplacé par un autre objet plus attirant.

La stabilité d'une union serait due au fait que nous avons fait le « bon choix » à notre profit. En raisonnant ainsi, on a « tout faux » :

1. On est dans une perspective égoïste, qui ne peut conduire à l'amour.

2. On teste l'autre sur ses conditionnements. En se fondant là-dessus, on est sûr d'une chose : c'est qu'on n'a pas pu optimiser le choix, qu'il y avait probablement beaucoup mieux mais qu'on n'avait aucune chance d'entrer en relation avec lui ou elle (le monde est vaste), qu'on peut à tout instant rencontrer quelqu'un qui nous fera douter d'avoir fait le « bon choix ».

3. L'état passionnel aveugle et empêche de se poser des questions de fond sur ce qu'est le ciment des unions qui durent : des valeurs morales et spirituelles partagées, un projet de vie envisageant l'accueil d'enfants et leur éducation.

4. L'état passionnel occulte le caractère essentiel de l'engagement J'ai coutume de dire aux jeunes gens qui envisagent de fonder une famille : « Quand vous avez dit, en toute sincérité, la première fois à l'autre "je t'aime", vous avez menti ! Tant qu'on ne s'engage pas, tant qu'on ne décide pas de faire le don de soi (et non pas le prêt, avec ou sans intérêts !), on n'aime pas. Dans le meilleur des cas, on désire vraiment aimer et on le dit à l'autre pour voir s'il a le même désir. Mais on peut se tromper de bonne foi et tromper l'autre sans en avoir l'intention. »

Si désir sincère il y a, l'origine peut en être une attirance physique et/ou sentimentale, qui s'est renforcée au fil du temps. **Il faut donc mobiliser la raison pour examiner à froid les désirs réels d'une union stable et se donner les meilleures chances de discernement**. Céder à l'attirance physique peut avoir deux types de conséquences :

— ou le courant charnel ne passe pas immédiatement et, comme il n'y a pas d'engagement, il n'y a aucune raison de se mobiliser pour améliorer l'union charnelle. La rupture est précoce, mais non sans dégâts, avec le risque de refaire d'autres essais malencontreux et de s'enliser dans le dégoût, la banalisation de la sexualité, la quête désespérée d'autre chose qui ne vient pas...

— ou le courant charnel passe immédiatement, et le couple est embarqué dans la passion qui enferme dans l'aveuglement, la vie à court terme, l'égoïsme et les malentendus.

Le désir sincère d'aimer est dans l'ordre de la vie et il peut déboucher sur un amour vrai, qui débute quand on s'engage dans un don, non limité dans le temps, et fidèle, par une décision vraiment libre, exempte du conditionnement passionnel qui aveugle l'intelligence et dévoie la volonté. Cette décision est un risque mais, nous l'avons dit, la vie c'est le risque, et quand deux êtres mobilisent leur intelligence et leur volonté pour que cela tienne, il y a toutes les chances que ce soit le cas si la décision a été délibérée et non bâclée.

Pour conclure

La personne humaine est faite pour aimer. Toute amitié, tout amour, parental, filial, conjugal, tout « amour d'amitié » est chose sérieuse, qu'il ne faut ni dramatiser ni prendre à la légère.

Pour l'éducateur, il est hors de question de nier ou de passer sous silence les réalités de l'attirance physique et sentimentale. Il s'agit simplement d'aider l'éduqué, dès l'enfance, à mettre ou à remettre les choses dans l'ordre.

C'est l'esprit libre qui commande, pas les sentiments, encore moins les pulsions. La raison et la volonté sont des outils précieux, mais pas non plus des fins en soi. La finalité, c'est le bonheur qui provient d'un amour vrai, prenant en compte une personne dans l'intégralité de son être.

L'enfant apprend à aimer vraiment par l'exemple. C'est pourquoi il est important pour lui de voir son père et sa mère s'aimer vraiment, c'est-à-dire tout faire pour tenir leurs engagements, car en période de conflit parents-enfant, ce dernier peut avoir le sentiment de ne pas être aimé alors qu'il l'est réellement, mais s'il a la certitude que ses parents s'aiment, il retrouvera vite le moral.

Il est important que l'enfant comprenne que les parents peuvent avoir un conflit à gérer et qu'une dispute est souvent moins grave qu'un silence qui s'installe. Il est capital qu'il perçoive, sans voyeurisme, que la réconciliation des parents s'est opérée et qu'il se forge la conviction que le pardon est le sommet et le ciment de l'amour.

Si l'amour paisible est le signe d'un égoïsme maîtrisé, le pardon est le signe d'un orgueil dompté. Et quoi de pire que l'orgueil pour tuer l'amour ?

L'amour embellit toute la société, il transforme mutuellement ceux qu'il touche et l'acceptation de cette transformation implique l'humilité.

L'amour éclaire toute la vie, car il est inséparable de la vérité, qui dissipe les ténèbres du mensonge. L'amour libère les énergies, car il n'agit pas sous la

8

contrainte mais mobilise la volonté et l'intelligence, il se manifeste par des actes pertinents, auxquels l'âme sensible et le corps, avec leur langage propre, ajoutent leur note agréable.

8

NEUVIÈME FONDAMENTAL

Et Dieu, dans tout cela, a-t-il sa place ?

La « fusée du bonheur » a besoin d'une tête chercheuse !

La fusée du bonheur n'échappe pas à la règle. *Primum vivere*, « il faut d'abord vivre », et l'étage du travail la propulse dans ce monde laborieux, fondé sur ce qui est devenu indispensable à la conservation de la vie : assurer sa subsistance. Au-delà de cette nécessité, l'amour du travail bien fait, le souci de la qualité de l'œuvre produite font grandir l'homme, le transforment et contribuent à donner un sens à sa vie. En définitive, il travaille pour l'humanité, pour lui et pour les autres, souvent pour sa famille. Du contrat juridique ou du contrat moral, qui l'incite à œuvrer pour le bien commun, pour la société, il peut passer à la constitution de relations avec les autres, analogues à celles qu'il a connues enfant, du moins on peut l'espérer, celles du don réciproque de soi, celles de l'amour.

L'amitié, l'amour embellissent la vie de l'homme et lui donnent un sens.

Mais c'est précisément dans l'amour humain que la personne touche, de la façon peut-être la plus douloureuse, les limites du bonheur. L'amour est un combat toujours renouvelé contre l'orgueil et l'égoïsme, et ce combat n'est pas toujours victorieux. Même si la guerre n'est pas perdue, il y a des batailles où l'on est défait, et les blessures peuvent laisser longtemps des traces douloureuses.

Nous avons tous rencontré ces êtres blessés qui n'osent plus aimer par peur de « prendre des coups » et qui parfois nous agressent d'emblée, ce qui peut masquer leur intense besoin d'amour.

Et puis, il y a l'interruption brutale, par la mort, de cette relation d'amitié ou d'amour qui dépassait la présence physique mais néanmoins s'y incarnait et s'y renouvelait. La mort crée une déchirure et un vide que certains n'arrivent jamais à supporter.

Comme il est dit dans la pensée philosophique : « Le mal n'*est* rien. Il ne représente que la privation du bien. » La mort elle-même n'*est* rien, mais, clairement, elle nous prive de la vie des êtres qui nous sont chers.

Amour rime avec toujours. La personne humaine a toujours eu la nostalgie d'un amour qui dure toujours. Comment ne pas penser à un bonheur qui ne finirait jamais ?

L'histoire atteste que l'homme n'a jamais cessé d'y croire. On retrouve dans les tombes antiques et même préhistoriques des objets soigneusement installés près du mort pour qu'il puisse faire face aux aléas de la « nouvelle vie », nourriture, armes, argent, bijoux, vêtements, etc. Les traditions religieuses de l'Antiquité imaginaient toutes des lieux nouveaux où vivraient les défunts, généralement après avoir subi telle ou telle épreuve, tel ou tel jugement. Elles essayaient d'imaginer ce que serait cette nouvelle vie et si les humains y côtoieraient les dieux qu'ils avaient plus ou moins honorés de leur vivant.

Contrairement à ce que s'imaginent nos contemporains occidentaux, les religions orientales offrent des perspectives moins réjouissantes. Certes, on y retrouve cette conception que tout être humain est rattrapé par ses actes et jaugé sur son vécu. Les réincarnations successives lui permettront non pas d'atteindre une plénitude personnelle de bonheur, liée à une purification éliminant toute trace de mal, mais de se dégager, vaille que vaille, de ce qui rattache l'homme à la matière et l'empêche de se fondre dans un « grand tout cosmique », indéfinissable, qui n'apporte pas l'amour, mais qui tout au plus dissout la douleur et la souffrance.

Pour ma part, cet engouement actuel pour quelque chose d'aussi abstrait n'a rien d'enthousiasmant. En outre, quelle difficulté de choisir parmi les multiples formes d'hindouisme, de bouddhisme, de taoïsme, de tantrisme, de shintoïsme ! Je pense que notre monde occidental a connu de nombreuses privations d'amour pour que tant de personnes se précipitent vers les religions orientales.

Faut-il aussi que les enfants, dès leur plus jeune âge, n'aient aucune information sur les réponses données par nos traditions religieuses aux questions auxquelles ils vont être inéluctablement confrontés et dont nous avons fait un inventaire non exhaustif dans l'introduction de ce chapitre : origine de la vie, origine du mal, la mort et après la mort, l'existence de Dieu, nature de Dieu, etc. ?

Impossible de laisser les enfants dans l'ignorance de la mort

Ce qui est sympathique de la part des Américains du Nord (États-Unis et Canada), c'est qu'ils expérimentent avant nous toutes les pistes possibles et imaginables, d'autant plus que grâce au melting-pot, leur imagination est diversifiée à l'extrême et d'une grande richesse.

Les Anglo-Saxons, avec leur goût pour les bilans sérieux, scientifiquement irréprochables, quand ils ont bien essuyé les plâtres de leurs expérimentations malheureuses publient de passionnantes études, riches en informations, et précieuses pour ceux qui voudraient se prémunir contre leurs erreurs.

Ils nous ont ainsi alertés sur le laxisme éducatif (voir précédemment), sur l'importance du temps passé par les parents avec les enfants, sur les méfaits de la télévision à haute dose et du zapping, etc.

Eh bien, en ce qui concerne la mort, ils ont expérimenté bien avant les Européens la stratégie du « black-out » sur la mort. Ils ont été jusqu'à faire maquiller, embaumer, habiller le cher disparu pour lui donner l'apparence de la vie et tenter d'occulter la mort. Seuls les adultes du voisinage venaient lui rendre visite, les enfants ayant été préalablement éloignés pour qu'ils ne soient pas traumatisés.

Citons pour mémoire la congélation dans l'azote liquide, dans l'attente des progrès scientifiques qui redonneraient vie au susdit disparu. Comme toujours, tout cela a été encouragé par la société marchande, qui y voit un fonds de commerce exploitable.

Ayant ensuite fait le bilan de cette expérimentation malheureuse qui a favorisé une augmentation des tristesses insurmontables et des déprimes profondes, les Anglo-Saxons ont conclu qu'il fallait renoncer à occulter le problème de la mort et donc « faire le deuil ».

Hélas, de ce nouveau marché, « Comment faire le deuil en cinq leçons ? », les psys de tout poil se sont emparés, ils l'ont ensuite exporté et, désormais, dès qu'il y a une mort brutale – un accident, des intempéries catastrophiques, un attentat terroriste ou commis par un dément –, on met en place une cellule d'aide psychologique.

J'attends donc avec impatience la prochaine étude en provenance des États-Unis, nous expliquant doctement que ces mesures sont inopérantes et que les psys n'ont pas trouvé de solution satisfaisante pour faire le deuil.

Dans ce monde américain du Nord, les Canadiens de la « belle province » du Québec ont gardé une capacité étonnante de réflexion critique. Ils l'expriment dans l'art, notamment le cinéma et la chanson. Rappelez-vous le film *Le Déclin de l'empire américain*, où ils décrivaient d'une façon saisissante la révolution sexuelle des années 1970... et l'immense tristesse qu'elle engendrait, ou encore dans le livret de l'opéra rock *Starmania*, qui chantait le mal de vivre de la jeunesse occidentale. Dans cet univers anglo-saxon du Nouveau Monde, la culture singulière des Canadiens français leur donne un recul et une lucidité précoces, qui leur permettent de juger

9

sans complaisance ce qu'ils vivent. Reconnaissons en toute équité que c'est également le cas d'artistes américains, en général fraîchement immigrés ; je pense à Stanley Kubrick, auteur du film prémonitoire *Orange mécanique*, qui mérite d'être revu aujourd'hui.

La mort, omniprésente dans les médias (informations, films, séries et dessins animés), l'est aussi, d'une manière plus insidieuse, par la pression exercée sur l'opinion publique concernant des thèmes sensibles comme l'avortement et l'euthanasie.

Dans ce conditionnement, on prive les enfants d'une réflexion de fond sur la mort ou, à tout le moins, d'une information sur ce que dit de la mort et de la vie éternelle la culture chrétienne, qui est celle de nos racines européennes et plus encore françaises.

On parle beaucoup, à l'heure actuelle, du cas des enfants intellectuellement précoces (anciennement appelés surdoués) dont on sait qu'une proportion non négligeable connaît des difficultés psychologiques. Ils se posent précocement les questions relatives à la mort et n'ont aucune piste de réflexion sérieuse, alors même que leur intelligence alimente leur anxiété.

Or, l'éducation n'est qu'un conditionnement et sera de toute façon remise en cause par l'adolescent ou l'adulte.

Le domaine de la religion doit être abordé avec plus de délicatesse que tout autre. Mais la question de la mort est trop cruciale pour qu'on prive les enfants de la réponse chrétienne, *a fortiori* dans notre monde occidental.

La mort et l'espérance chrétienne

« Non, je ne meurs pas, j'entre dans la vie éternelle. » Cette phrase est de Thérèse Martin, carmélite de 24 ans, en train de mourir de tuberculose à Lisieux.

Depuis les débuts de l'ère chrétienne, les monuments conservés issus de ces racines, chapelles, églises, cathédrales, calvaires, cimetières, monastères... témoignent, par les peintures, sculptures, bas-reliefs, de cette espérance. Les textes des messes de funérailles également, la musique, l'art sacré, tout en est imprégné : la mort biologique ne signifie pas la disparition de la personne humaine.

L'esprit reste vivant, privé provisoirement de son corps périssable, mais celui-ci revivra au dernier jour de ce monde pour être à nouveau uni, sous un mode impérissable et glorieux, à cet esprit, si toute notre vie a témoigné de notre attachement à l'Amour, en témoignant de l'amour du prochain (Évangile selon saint Matthieu, 25).

Quant à la résurrection, elle n'a aucun rapport avec une réincarnation, puisqu'il s'agit pour chacun de récupérer son corps, mais débarrassé de ses fragilités terrestres et de sa mortalité.

La culture chrétienne nous informe que Jésus-Christ, au demeurant personnage historique, était une des trois personnes de Dieu, à la fois un et trine, le Fils, qu'il a pris notre nature humaine, qu'il est mort biologiquement à la suite d'une crucifixion et qu'il est ressuscité le troisième jour. Comme disent les théologiens, Il S'est fait homme pour que l'homme devienne dieu, soit incorporé à la vie divine, uni au Fils, aimé comme Lui par le Père, vivant de la vie de l'Esprit.

C'est l'espérance chrétienne qui fait vivre des millions de personnes et fait partie d'une révélation.

Je rencontre beaucoup d'enfants, dont certains sont frappés de deuils qui les touchent profondément, parents, grands-parents, frère ou sœur, etc. Je peux témoigner de la diminution de leur angoisse existentielle quand on prend le temps de transmettre ces bases de l'espérance et qu'ils voient qu'on y croit ! Il serait dommage de les en priver.

Les parents, les éducateurs ne devraient pas laisser les enfants dans l'ignorance d'une réponse qui n'anesthésie pas la douleur mais l'apaise en profondeur.

Si Dieu est amour, pourquoi permet-Il le mal ?

Le problème du mal est au cœur des débats les plus fréquents sur l'existence de Dieu.

Voici une réponse succincte qu'offre le christianisme :

Dieu est (hors du temps, dans un éternel présent).

Dieu est Amour. Il agit par pur amour.

La créature n'est pas Dieu, elle a son origine en Dieu mais, par définition, Dieu, non créé, ne peut pas créer une créature-Dieu.

Dieu a créé des êtres doués de libre arbitre, qui, eux, peuvent accéder à la vie divine, que ce soit des esprits immatériels, que l'on appelle les anges, ou que ce soit des créatures, esprit et matière unis, qu'on appelle les hommes.

Dieu a laissé ces créatures décider. Elles étaient créées pour cela, étaient exemptes de tout mal puisque Dieu-Amour ne peut créer que du Bien. Il « ignore » le Mal, qui n'est rien, rien que privation du Bien.

Le couple humain a été soumis aussi à l'épreuve de l'amour. Lui aussi a failli, trompé par plus intelligent que lui ; l'esprit immatériel révolté... et jaloux. Le couple s'est fié à lui-même, au lieu de faire appel au Créateur, quand il s'est trouvé devant le tentateur.

En créant les purs esprits, Dieu ne pouvait montrer que Sa justice. En créant l'homme, Il pouvait révéler l'étendue infinie de Sa miséricorde. Il l'a fait : sur la croix. Un Dieu qui Se fait homme en Jésus-Christ pour que l'homme puisse retrouver sa place de fils de Dieu suffit aux chrétiens à comprendre que Dieu n'a pas piégé Sa créature et qu'Il l'aime infiniment.

Mais ici encore, il faut avoir la foi pour pouvoir adhérer en esprit libre, de toute son intelligence. Il reste, avec sa volonté, à faire l'acte de dire : « Je crois. » C'est un acte, pas une opinion.

Et le malheur ?

Toujours en tant que chrétien, je peux simplement dire que Dieu ne crée pas le malheur. Les lois physico-chimiques suivent leur cours, les sottises des hommes aussi, la malfaisance des esprits révoltés est une réalité.

Dieu peut intervenir pour nous aider à vivre cette vie.

Il ne permet jamais que le malheur ou le mal commis contre nous puisse nous empêcher d'accéder à Son amour.

Il n'intervient qu'exceptionnellement par des miracles. Il respecte le libre arbitre de Ses créatures et le fonctionnement de Sa création.

Croire, c'est faire *confiance* à l'Amour de celui qui a donné sa vie sur la croix par pur Amour, après avoir créé par pur Amour, dans la totale gratuité car nous ne pouvons rien Lui apporter qui ajoute à ce qu'Il est.

Dans un pays comme la France, marqué par ses racines chrétiennes, il me paraît très dommageable de ne pas faire connaître la réponse chrétienne aux interrogations éternelles de l'homme, interrogations qui, à chaque génération, se formulent dans la mentalité et la culture de l'époque. Étant scientifique de formation, ayant été dix ans chercheur, auteur de brevets et de communications internationales, directeur dans divers secteurs d'activités, père de sept enfants, élu local, très présent dans la vie associative, je témoigne simplement que la réponse chrétienne est cohérente, actuelle et universelle, et je le dis sans complexes mais sans vanité, puisque je l'ai reçue comme n'importe qui peut la recevoir.

Ma foi et ma passion scientifique, comme ma passion pour tout ce qui touche la personne humaine ont toujours fait excellent ménage. Ma chère épouse était en permanence sujette au doute, mais c'est elle qui m'a appris l'usage concret du deuxième commandement « Tu aimeras ton prochain comme toi-même... », par l'exemple de sa générosité sans mesure. Nous nous sommes donc apporté mutuellement, tant qu'elle a été de ce monde ; à présent, elle n'a plus besoin de moi et moi, j'ai, plus que jamais, besoin d'elle : la mort ne supprime pas l'amour, Dieu merci !

Mais il y a beaucoup de religions...

Bien sûr, c'est ce qui tend à montrer que l'homme ne peut se passer de regarder au-dessus de lui et d'essayer d'entrer en relation avec ce dieu, ces dieux ou cet Unique Dieu.

En raison même du libre arbitre humain, il est normal que les enfants se fassent une idée des réponses disponibles, même si certaines sont peu accessibles en raison d'une formulation dans une culture très éloignée de la nôtre.

À Rome, il y a quelques années, j'ai enseigné à des jeunes ce qu'est l'islam et le judaïsme, et j'ai aussi fait l'effort de comprendre ce que sont les autres religions orientales. C'est beaucoup moins évident que ne le prétendent certains. L'animisme est plus aisé à appréhender que les diverses religions des pays asiatiques. Ce qui me paraît en revanche curieux, c'est d'ignorer quasi totalement nos propres racines, qui se traduisent pourtant dans nos arts et notre littérature et pas seulement l'art sacré.

Pour conclure

La vie humaine ne peut pas être prise à la légère. Que l'on s'en inquiète ou que l'on cherche à se les masquer, les grandes interrogations sur la mort et son après, sur l'origine de l'homme et de toute la création, sur le mal commis et le mal subi, sur le malheur ne peuvent manquer de se poser à nos enfants, et beaucoup plus tôt que nous ne le pensons, en raison soit de leur précocité intellectuelle, soit de leur sensibilité d'écorchés vifs, soit de leur générosité et de leur propension à la compassion, soit des épreuves qui frapperont la famille. Peut-on laisser les enfants démunis, ignorants, sans défense ?

Que vous ayez ou non une foi religieuse, que vous pratiquiez ou non une religion, vos enfants ont besoin que leur soient transmises des réponses à ces interrogations et, de préférence, des réponses sérieuses, cohérentes, dans la culture de notre époque et de notre continent, adaptées à l'environnement dans lequel ils vont vivre.

Nous nous préoccupons toujours davantage de notre corps, de notre santé, les études des sociologues le montrent. Et nous nous efforçons de donner à nos enfants de bonnes habitudes en matière de diététique, de sommeil, d'exercice physique et de respect de l'environnement. C'est bien, car le corps est un excellent serviteur et la planète doit être laissée en bon état à nos descendants. Pourtant l'obésité progresse, l'anorexie aussi, les maladies liées au stress, la pollution également.

Et si c'était notre esprit qui était privé de nourriture spirituelle ?

Conclusion générale sur les « neuf fondamentaux de l'éducation »

Il ne faut pas se faire une montagne du rôle de l'éducateur. Encore moins se culpabiliser de ne pas voir à court terme les effets, que nous souhaiterions bénéfiques et évidents, de notre action. « Autre est celui qui sème, autre est celui qui récolte. »

Celui que nous éduquons a son libre arbitre, et à cela nous ne pouvons rien. En revanche, si nous n'avons pas d'obligation de résultats, nous avons une obligation d'action éducative qui s'articule de façon harmonieuse au travers de ces trois domaines essentiels : développement de la personnalité, socialisation de la personne, sens de la vie.

Au total, un « clavier » de neuf fondamentaux, sur lesquels nous pouvons appuyer selon les besoins du moment, de la petite enfance à la fin de l'adolescence. Ce faisant, nous poursuivrons notre propre éducation, découvrant qu'en élevant les autres, ils nous obligent à nous élever.

Avouez que le jeu en vaut la chandelle...

Remerciements

Un grand merci à Alain et Danielle NOËL, qui m'ont « mis la pression » pour que j'écrive et m'ont considérablement facilité l'accouchement du bébé...

TABLE DES MATIÈRES

DEUXIÈME PARTIE : Le projet éducatif

Impression réalisée sur CAMERON par

BUSSIÈRE CAMEDAN IMPRIMERIES

GROUPE CPI

à Saint-Amand-Montrond (Cher)
pour le compte des Éditions France Loisirs
en août 2003

N° d'édition : 39114. — N° d'impression : 033426/1.
Dépôt légal : juin 2003.

Imprimé en France